Guía de perplejos

Colección: Licenciado Vidriera, 14

PUJANTE, David (1953-)
    Guía de perplejos : (poesía reunida, 1978-2023) / David
Pujante. - Valladolid : Ediciones Universidad de Valladolid, 2025

    392 p. ; 19 cm. - (Licenciado Vidriera ; 14)
    ISBN 978-84-1320-338-6

1. Biografías 2. Autobiografías 3. Poesía española – Siglo XX-XXI I. Pu-
jante, David, aut. II. Universidad de Valladolid, ed.

    821.134-1(092)Pujante, David

David Pujante

Guía de perplejos

(Poesía reunida, 1978-2023)

EDICIONES
Universidad
Valladolid

*Licenciado
Vidriera*

© DAVID PUJANTE, 2025
EDICIONES UNIVERSIDAD DE VALLADOLID

Diseño de cubierta: Ediciones Universidad de Valladolid
Motivo de cubierta: Antonio Martínez Mengual

ISBN: 978-84-1320-338-6
Dep. Legal: VA-140-2025

Preimpresión: Ediciones Universidad de Valladolid
Imprime: PODIPRINT - España

Resumen de un camino

Agradezco al Servicio de Publicaciones de la Universidad de Valladolid en la persona de su director Alfonso Martín Jiménez que me permita mostrar en su totalidad este ya largo proyecto poético. Comenzó con *La propia vida*, un libro en el que travisto mis vivencias con mitos y personajes clásicos, algo que permitió expresar a un tímido sus más profundos sentimientos. En el segundo libro, *Con el cuerpo del deseo*, me vi obligado a la catarsis de lo que hoy se llama una relación tóxica, que estuvo llena de grandes emociones, deseos y, por supuesto, frustraciones. En esta ocasión no hubo velamiento alguno, sino desvelamiento descarnado. *Estación marítima*, el tercero de mis libros, muestra el periplo de un exilio por razones de trabajo que me permitió descubrir el exuberante paisaje norteño y fue lenitivo de soledades varias. *La isla*, surgida en el centro de mi madurez, muestra un entendimiento del vivir muy cercano al pensamiento gnóstico: somos almas metidas en un círculo infernal que nos devuelve periódicamente a la vida, y uno de los refugios contra las inclemencias es la insularidad del arte. Tras un largo periodo en barbecho, *Animales despiertos* plasma una reinterpretación del mito edénico y el despertar de los humanos a la consciencia. Los dos últimos libros, *El sueño de una sombra* y *21 odas de invierno*, son libros crepusculares: una mirada a los orígenes y la asunción de la vejez.

Entre medias han ido quedando poemas que no cabían en las sucesivas entregas. La mayoría los he roto o permanecen sepultados en publicaciones inencontrables; los menos, los que más me han satisfecho, los he rescatado y aquí acompañan a los otros.

La creación poética me parece la búsqueda de una identidad, con decisivas repercusiones en el hombre poeta que la configura. Que la poesía espeja y construye, lo dije de otro poeta en *Belleza mojada*, pero me refería también a mí mismo. Parafraseando a Nietzsche, sin el verso no soy nada, por obra del verso pierdo la timidez, la humildad y las inseguridades.

Desde niño y según contaba mi madre, fui muy preguntón, al parecer más de lo habitual, y la poesía del que fue aquel niño, ha resultado ser principalmente la expresión de todas sus preguntas, sus dudas, sus perplejidades ante el mundo y el comportamiento humano. Un camino de preguntas sin caer en la osadía de las imposibles respuestas, pero procurando cercarlas, amparándome siempre en la literatura, la música y el arte. Este camino ahora aparece en su totalidad y lo ofrezco como una guía o acompañamiento para otros perplejos.

David Pujante
Valladolid, invierno de 2025

PRIMEROS POEMAS

(Previos al tiempo de *La propia vida*)

Dos sonetos

A Alfonso Martínez Rebollo

I

Poética de un apagón

Abro la puerta. El cuarto está en penumbra.
Y enfrente, de improviso, en el espejo,
me sorprende una luz, que es el reflejo
de la que traigo yo, y que me deslumbra.

Y pienso en cuántas veces, ¡venturoso
vislumbre del poema!, me has surgido
también inesperado y te he creído
concesión en el éxtasis gozoso.

Tiendo a creer –como esta luz- que un mundo
más allá del espejo, en don extraño,
coloca entre mis manos su secreto.

Y aunque en sentirte esencia ajena abundo,
me saca de inmediato del engaño
el sudor por lograr que seas soneto:
la sílaba contada,
el hacerte rotundo,
que no te falte ni te sobre nada.

II

La humillación del ajedrez

Un encanto autista
Steiner

No debiera acercarme, no debiera
mirar ese complejo de cuadrados,
ni debiera tocar esos alados
jinetes, ni esas torres; no quisiera

ceder al juego nunca. ¡Nada espero
de esa violencia quieta, ese torrente
de argucias, de patrañas, entre gente
de mármol o marfil, sobre un tablero

que, a la postre, es cimbel regio, quimera
que alienta Satanás, fatal entente
con la torpe confianza de quien quiera

ponerse a prueba, hasta dejar patente
los límites del hombre ante la fiera
combinatoria de la eterna Mente!

LA PROPIA VIDA

(1986)

poesia
è il mondo l'umanità
la propria vita
    (Ungaretti)

I   Los torrentes del silencio

El recuerdo inmortal o el sueño de una sombra

«Tan sólo garantiza el valor de cada hombre
el reconocimiento que encuentra
en la palabra justa que lo ensalza».
Porque así le hablaste un día en que la luna
se mostraba el ojo entero de la tarde,
Acteón te encargó el himno de triunfo
—el que los escolares y filólogos
habían de estudiar en las escuelas—
para la fiesta en la que fuiste huésped
del hombre cuya estirpe
se respetaba en mares y desiertos.

«Los Egidas ayudaron en otros tiempos a Esparta
por la dura conquista de Laconia,
y Esparta no ha defendido a Tebas en estos últimos
de opresión y menosprecio.
Esparta, la olvidadiza porque aquel triunfo no fue
cantado en las epopeyas.
»Unidos, valor del héroe y arquitectura del gusto,
permanecen para siempre,
en tanto que mane el agua y los árboles esbeltos
florezcan, alto el sol brille y bata en la tierra el mar

con sus olas», prologaba el solista.

                                                    Y en la fiesta
se escuchó el asentimiento del coro con el «Ié peán».

«Si la musa no canta tu victoria,
serás barrido del recuerdo público»,
le dijiste. Y han pasado los siglos
y la luna y el sol todavía brillan
y se hace oír aún el mar.
Pero hoy yo busco en vano en tus *Odas* y no encuentro
ni un fragmento de aquel himno que cantaba el victorioso
regreso tras la batalla.
¿Creyó Acteón tus promesas?
Y tú, ¿sólo vendías tu arte, o también eras sincero?
¿No te exoneró gabela de vanagloria tu estirpe
y te obnubiló la estéril autosuficiencia, oh Píndaro?

El Laberinto de Clusium

Cuando Nicolás V, a hombros de lacayos
y aquejado de gota, recorría las tierras italianas,
y en su carnet de notas iba tachando nombres
de lugares antiguos una vez visitados:
Ostia, Falerii, Tíbur, Tusculum, Ocriculum...;

se cuenta que una tarde, junto a unas ruinas clásicas
—un alto en el camino frente al Mediterráneo—,
se intrincó por caminos de erudición dispersa
y acabó obsesionándolo una cita de Plinio.

Un muro de verdores oscurecidos era
el huerto de limones frente al que, bajo un porche,
el viejo papa oía recitar los poemas
nacidos al impulso de su amor por la Hélade.

Un joven de su séquito —el más histrión— tocaba,
sin mirar, recitando en estudiada pose,
las rosas ya marchitas de un rosal, que entregaba
sus pétalos en baja y silenciosa lluvia
alargando el moroso camino a las hormigas.

En estas horas plácidas la mente alumbra ideas
y el venerable anciano,
no se sabe de cierto en qué momento,
al vagar de los versos y las horas,

recordó un manuscrito y una cita olvidada
que quiso rescatar del polvo de un arcón.

Con su hinchada mano fue hojeando aquella obra
hasta encontrar el fragmento que, impreciso, evanescente,
por la mente le rondara.

Meditó la estrategia. Retrasaría cuanto
le fuera necesario el regresar a Roma.
El caprichoso viejo decidió —como antaño
visitar, junto al Mincio, la villa de Virgilio—
buscar el Laberinto de Clusium.
                                    Bien provistas
las recuas, reiniciaron los viajeros la marcha.

¡Cuántos días colgóse del mismo ventanillo,
que una mano invisible ornaba de paisajes
distintos; siempre en vano!

Los meses transcurrieron por montes y por valles
de la Italia perdida, sin resultado alguno.

¡No te bastó fiar en los hombres de tu época!
Con recuperaciones de discursos pasados
tu desdicha aumentaste.

Conseguiste que hablara la Curia un latín clásico,
que todos se asombraran de tu perdón magnánimo
para con los arpínates por llevar nombres célebres...
Viejo y noble idealista,
todo porque creíste en la bondad de un mundo
tan falso como el tuyo.

¡Cuántos meses de insomnio y de incomodidades,
aquejado de gota, baqueteado en una
pobre silla de posta,
por sitios de maleza sin desbrozar, buscando...!
¡Insano, ¿qué buscabas?!
Un laberinto que era una mentira, en vano.
¡Te esbozaste un destino que no habías de cumplir!

*

Ahora ha puesto el crepúsculo en su punto de magia
los rudos limoneros, los cercanos naranjos,
que, apretados por sombras, esperaban su verde
de plomo soñoliento; barrera de la huerta
asomada a mi porche.

Como tú aquellos días, yo también me he entregado
al elevado mundo del pensamiento antiguo
y he puesto sus costumbres por horma de mis actos,
cuando era muy joven.

A esa hora de luces restringidas, fugadas,
quizás como tú, mirando el arriate en que se alza
un jazminero, más blanco en sus estrellas de esencia
diminuta, contenida, que en cualquier otro momento,
yo también me he engañado.

Como tú, papa iluso, he perdido mi tiempo.
Crédulo de los clásicos, me entregué a la poesía;
busqué en ella la gloria
y he quemado mi vida como una mirra amarga,
corrompiendo mi espíritu, llenándolo de engaños.

Epístola previniendo la llegada de cierto joven, aprendiz de poeta

Cuando venga Hierón, por Zeus, no lo rechaces;
los dioses son, que envían al pupilo.
Paséalo por toda la ciudad;
enséñale los viejos puertos áticos:
sentados en sus bancos, sus barcos a la luna;
dale, a sus sueños nuevos, aliciente,
tú, que eres viejo y sabes de la vida,
de lo poco que da si no la fuerzas.
Llévalo a las murallas derruidas
y cuéntale la historia o bien invéntala
(la mentira conviene a la poesía)
contemplando sus ojos, cómo brillan
encendidos por el verbo de tu elocuencia.
Que todos cuantos ven tu solitario
deambular cada noche, hoy te envidien
por esa compañía.
Y en casa, cuando al fin os halléis solos...
¡Hazle encarnar los versos de Estratón!

Pigmalión en Lesbos

Homenaje a Burne Jones

«Si no fuera por el zureo de tus palomas,
las que vienen a recoger las fresías que lanzan a mis plantas
ángeles admirados y deseosos compradores
de esta tu obra hermosa que soy,
creería la estancia en que estamos un cenotafio:
tú, rígido mutismo de amor imposible;
piedra al fin y al cabo yo.

»No puedo ya por más tiempo soportar sobre mi tierno mármol
esa esperanza de mirada que se te deslíe con la llegada de la fría noche,
cada día deseando demasiado mi belleza.

»Dulce amada mía, desde el amanecer sumida en el silencio
y que nada más que contemplarme sabes, hacia ti voy».

Así comenzaba a decir en un susurro la blanca venus;
y amagaba acercar sus brazos deseosos tan levemente
que bien pudiera ser sueño el movimiento;
y flexionaba apenas sus piernas tomando vida
en la húmeda quemazón del cuerpo de su demiurgo,
unida a la umbilical mirad de su diosa, aterida y rígida,
que no podía oír ya la voz enamorada de su estatua,
porque es peligroso amar demasiado la belleza.

Non cuivis homini contingit adire Corinthum

A Ernesto

Junto a ese mar tranquilo
que conoce las voces de tantos mercaderes de Fenicia,
dos de ellos mantenían
el diálogo, clásico y eterno, de la cautela con el desvarío:

— Las calles del amor son siempre estrechas,
torcidas, malolientes;
los dioses, juguetones, nos ocultan
los más preciosos dones en sus laberintos húmedos.

Divisaron un rubio corintio en el portal
de una choza encalada, cuya puerta
solo era una jarapa que hacía de cortina.

— ¡Mira! Quizás ahora comprendas mis palabras.
Es hermoso en verdad. Sin duda un dios lo habita.
— Sigamos; nos espera una dura jornada.
— ¡Aguarda! Quiero verlo de cerca.
                              — No es posible.
¡Vamos ya! ¡Aviva el paso!
— ¡Qué pensativo, y serio, y silencioso...!
                              — Puede
que sea algún discípulo de Platón, el sofista.
— ¡Me mira y me sonríe! ¡Hermes, me eres propicio!
¿Te molestará mucho si te abandono un rato?
¡Ahora después nos vemos en la tienda del muelle!

                    *

— Veinticinco monedas de oro me ha pedido.
¡Ya no hay quien eche el ancla en las playas corintias!

Apócrifo romançado

Volvían de una noche sin historia,
tras haber perseguido, infructuosos,
los dos viejos, por entre oscuras calles,
jóvenes cuerpos bellos maldispuestos
a sus abrazos sabios, encendidos
en estéril deseo inevitable.
Y al regreso, ocurrencia inusitada,
propuso Ascilto a Encolpio,
quizás por los efluvios del alcohol,
cumplir en ellos mismos el rito de los cuerpos,
entregarse al placer en la almadía de sus fofas carnes,
aplacar la implacable sed en sus antiguas fuentes desportilladas.

Fue perezoso el rito; y aun cuando
el juego disipó el envaramiento,
en vez de alegres risas, el cinismo
amargó cuantos besos se otorgaban.

Al acabar, Encolpio dijo a Ascilto:
— No es posible el amor, pero evitemos
caer tan bajo. ¿No hemos de poner
un poco de cariño en esta entrega?
Camaradería, afecto, humanidad;
llámalo como quieras, más salvemos...
— ¿Qué hemos de salvar? — respondió el otro.
Y dieron media vuelta en el jergón.
Durmiéronse, y en la mañana rosa
olvidaron los hechos y lo dicho.

Las manzanas del otoño

A Francisco Brines, que me preguntó
si era siempre tan cruel con los viejos.

«Dicen que se le ve en las tardes soleadas
sentarse en algún banco del paseo, y que finge
leer con fruición un libro, pero no se le escapa
en realidad el trasiego de los jóvenes que entran
al urinario público.

»No suele hablar con nadie.
                          Cierta tarde que vino
un extranjero a verle, aceptó una entrevista.
¡Porque creo que es famoso!
                          No; aquí nada sabemos.
¡Puras extravagancias de los bárbaros
que admiran todo de lo que carecen!
Nosotros lo llamamos con el nombre de guerra.
¡Ya sabes!; el apodo del círculo de *hermanas*.
Pero sí, puedo recordar su nombre.
Un día lo leí en alguna tabla
que llevaba poemas suyos. ¿Cómo
era?
        A mí me ha hablado varias veces creyendo
con ello conseguir acercarse a un amigo
mío; un muchacho rubio que ve conmigo a veces.
¡El asqueroso viejo!
                          ¿Cómo se llama? ¡Ah, sí!
Sí; ya recuerdo el nombre: Calímaco. ¿Te suena?»

El nudo gordiano

¿Cuántas veces fuiste a ver, desmazalado silente,
allá en la ciudadela que construyera Gordio
el carro? ¿Cuántas veces soñaste ser el rey
de Asia? El vasto mundo de llanuras enormes,
cadenas montañosas, sin término, y océanos
hacia islas de ensueño, bullía en tu cabeza.
Dabas vueltas y vueltas. Muchas veces, la noche
te sorprendió, pegados los ojos a aquel nudo,
laberinto de cuerda cuyo cerrojo abría
todas las ambiciones. Conocer su misterio
era entrar en el mundo de lo nada prohibido.
Al que un momento antes, impotente mortal
se mostraba, una vez descubierto el busilis,
le estaba permitido matar, avasallar
y gozar del amor que se usa y se tira;
siendo por ende honrado como a hombre singular.
Tu fantasía ansiosa, diminuta partícula,
se deslizaba por el tobogán de aquel cabo
y recorría su endiablada maraña
penetrando el misterio, su secreto aprehendiendo;
mas al querer, después, reproducir el modo
de atadura, el ensueño se esfumaba, y envuelta
en él la solución.
Angustiado te vieron los guardianes muchas albas
correr, subir las rocas, escalar aquel alto
promontorio, creyéndote al fin con la respuesta;
y acercarte, y pegarte al bien sujeto carro
del rey; pero al llegar a un paso de la cuerda,
tensa sobre el timón, quedabas congelado

por copos invisibles de una nieve de miedo
que tu inseguridad con furia desataba.
Y después que el rocío se mezclaba a las perlas
de tu sudor cobarde, bien avanzado el día,
derrotado, bajabas a tu triste trabajo del mercado.

*

Un día, de los pocos que el sueño había logrado
mantener tu locura temerosa en letargo
durante muchas horas,
apenas despertado, escuchaste la nueva.
Había deshecho el nudo un joven macedonio
conquistador de mundos, que, sabido el oráculo,
deseó por suya a Asia.
Angustiado, humillado, preguntaste, temblando:
«¿Cómo se desataba? ¿Por qué eran tres cabos
en el Sur y en el Norte sólo dos? ¿Cuántos nudos
había en uno solo? ¿Cuál de ellos se quitaba
antes para que el resto quedara libre, y cómo?»
¡Tantos ratos perdidos en tu tienda de lona
ensayando posibles soluciones al nudo
por desatar, te daban cierta desenvoltura
en planear —consciente— los modos de adentrarse
en sus dificultades!
Insistías: «La cuerda era recia, inflexible;
manejarla, trabajo digno sólo de un héroe.
¿De qué elixir, qué aceite se valió para hacer
el nudo, corredizo?»
Ante tanta pregunta los otros sonrieron:
«Mercader, el misterio está en la voluntad.
Observó atentamente, Alejandro, la cuerda;
y luego, ya en su mano, con destreza agarró
resueltamente un cabo y de un tajo de espada
lo cortó, simplemente. No hubo ley más certera:
fue su espada el sistema; su decisión, su ciencia».

Cubiletes de museo

En qué cenas sirvieron para jugar a dados,
cuando hacían sus dueños un alto en el camino
de la fiesta perenne, yo no puedo saberlo,
ni aun lo quiero; el misterio del pasado perdure
y el verso ofrezca al alma lo que la historia niega.

Expuestos en la aséptica sala de algún museo,
han perdido el sentido que en su tiempo tuvieran.

Los describe algún crítico de la siguiente forma:
«Respondiendo a la escueta idea que tenemos
de lo clásico ahora,
un corro de esqueletos baila en altorrelieve
alrededor del vaso».
                              ¡Contrapeso perfecto
en la fiesta nocturna donde, quizá, se usaron
entre risas y mofas!

Podéis imaginar a aquellos comensales
embotados de vino, con sus risas de mosto,
fétidas y patéticas.

¡Cuánta copa escanciada para ahogar el espíritu:
esa conciencia trágica, insaciable, del hombre!
Pero antes se consigue herir con hierro el mar
o el viento que rendir la inquietud de una mente.

Tristes hombres que arrastran su vida se han reunido
en una finca rústica, en el Boscoreale.
Ninguno de ellos piensa en la mañana impúdica,
la que con frescos dedos levanta cobertores
y destruye el letargo con sus alas de frío.
Sin término imaginan la noche, ¡tan propicia
a la desesperanza! La penetran, se enfondan
en la espiral fantástica de la inconmensurable
tiniebla, y en las cháchras groseras se deleitan;
se pierden entre juegos...
                              Suenan los cubiletes
—que aún no son de museo—
en sus manos deformes y grasientas, artríticas.
Y, en el mínimo ámbito del cubilete, muestra
su presencia de muerte el ruedo de esqueletos.
Iguales en la forma *post mortem*, algún rasgo
distintivo desvela su rango cuando, vivos,
los cubría la carne: una lira, una máscara...
Y una inscripción, punteada a estilete, a su lado,
simula la existencia, a quien ya no la tiene,
por la gracia de un nombre que los hombres recuerdan:
Algo así es la gloria.

Sin duda, entre el clamor de risas y de dichos,
se inflitra algunas veces
la gélida consciencia del sinsentido trágico
en uno de los césares del báquico festejo;
es quizá al recoger el vaso con los dados,
pues, en vez de al instante alzarlo por los aires
en volteo sonoro, se detiene a mirarlo
y va entre las guirnaldas del relieve leyendo
los nombres de los hombres que fueron los espectros.
Junto al nombre de Mosco o Menandro, más amplia

inscripción en la base del vaso así le dice:
«Los grandes escritores, los profundos filósofos,
incluso ellos mueren;
sus lectores, nosotros, sepámoslo y bebamos».

Seguramente entonces la tirada es más rápida,
gesto lleno de rabia que nadie al fin podría
interpretar como acto de desesperación,
pues el instante lúcido en un trago de vino
zozobrará y el césar reflexivo, escapado,
se lanzará de nuevo al juego, a la inconsciencia.

Lecito ático (s. V a. J.)

Surges de la piedra, triste alma;
del cuerpo que hace poco aún escarnecías;
y Hermes psicopompo te lleva de la mano
hasta la misma orilla de la laguna Estigia.

Allí, entre diminutas, entre aladas *psichai*
—sobre el fondo arenoso la pértiga sin límite—
siempre aguarda, esforzado, en la barca, Caronte
a nuevos desdichados, que, en su reír milenario,
descubren del *misterio* el fatal espejismo.

Monólogo en Château de Muzot

«Hoy mi poeta preferido vivo leía a sus poetas preferidos muertos;
iban citados por entre sus versos en acorde diáspora cultista.
Los presentes le oíamos absortos, con la estancia en penumbra.
Y en un jarrón agonizaba un lirio junto a una vieja rosa más suave
que los claveles que troncha el ocaso.

»Si Dante nos hablaba de Virgilio, Virgilio nos hablaba de las vides,
Tasso del *pio Buglion*, Goethe del Hombre,
¡con tanta vida en todos y en todos una tal sabiduría!
Grafos, sonidos, mágicos sonidos constructores de mundos como imágenes
de castillos; producto del inverso proceso al misterioso
que muda las azoras coránicas en hembras.

»Sin compás, sin suspiros para ella, se desprendió una hoja de la rosa
que lloraba su raudo atardecer, desdén y mustiedad,
par de aquel lirio, en el vasar, donde bebiera el último amor
                                        / verdadero de un poeta
(que unos dulces labios de adolescente, posados en un vaso,
lo hacen jarrón de flores olorosas para siempre en la alcoba de su
                                        / amante).

»Nadie observó aquel pétalo caer sobre la alfombra mullida, en silencio.
La asunción de una muerte tan sencilla, por ende tan gloriosa,
¿era el mejor poema o el más natural sentimiento de la tarde?
Mas ¡cómo vamos a enzarzarnos ahora en discusión sobre poesía y arte!

»El pétalo cayó, pirueta última de una vida en silencio,
en cortedad: Ilimitado abrirse
más allá de lo justo y de lo hermoso, hasta caer, transido de su peso.

»El pétalo cayó y Virgilio hablaba
de la vid, y Noé se emborrachaba
mientras la Sulamita abría los brazos
al rey, y un místico lloraba en éxtasis de amores divinales.

»Fruta en cascada de cáscara, la rosa
se deshace hasta el fondo de su nada frutal
clavada en la maraña de enhiestos estambres.
Y nadie atendió ese comienzo;
nadie atendió al vuelo de la primera caída,
a la humildad de su seca caída torpe y rápida,
al delicado inmusitar del golpe sobre la alfombra.

»¡Qué tristeza, después de este arabesco
aleteo en el aire del Leteo
hacia un Orco de alfombra musulmana,
pájaro de sólo un ala, pétalo!

»Ya tu muerte es poesía, en pos mis reflexiones;
y, como cualquier poema mío terminado, te me alejas.
Solitario, ¿qué puede hacer mi alma
con mi noche y mis días?
Todas las cosas a las que me entrego
se hacen ricas y a mí me dejan pobre.»

II Variaciones sobre un tema de Apolonio

La vida es muy larga
y el arte, un juego.

Entre tanto Hilas, con un cántaro de bronce, aparte del grupo buscaba el sagrado curso de una fuente, para sacar con prontitud agua para la cena, y prepararle pronto a su compañero todas las demás cosas a gusto cuando regresara. [...] De repente Hilas llegó a una fuente que los habitantes de los campos vecinos llaman Pegas (Fuentes). Los coros de las ninfas estaban sin duda allí, ya que era ocupación de todas ellas, las que habitaban en torno aquel amable promontorio, celebrar a Artemis una y otra vez con sus cantos nocturnos. Las que dominan las cumbres de los montes y las grutas, venían en ordenada procesión a través del bosque. Pero de la fuente, su hermosa morada, acababa de emerger una ninfa acuática. Le vio de cerca, a Hilas, enrojecido con su hermosura y sus delicados encantos, pues además le envolvía en su brillo la luna llena brillante en el aire sereno. La Cipria Afrodita turbó el corazón de la ninfa, y apenas pudo recobrarse de la perplejidad en su ánimo. En el preciso momento en que él hundió el cántaro en la corriente, agachándose hacia un lado, mientras chasqueaba el agua con fuerza al penetrar contra el resonante bronce, entonces ella le echó de abajo arriba su brazo izquierdo al cuello, ansiosa de besar su boca suave, y con la mano derecha lo atrajo por el codo. Y lo hundió en medio de un remolino.

Tan sólo entre sus compañeros uno pudo oír el grito de Hilas, el héroe Polifemo Ilátida, que marchaba en avanzada por el camino, y que allí esperaba encontrar al paso al formidable Heracles a su regreso. «Desgraciado, voy a ser el primero en decirte una pena terrible para ti. Pues Hilas no ha regresado salvo, después de marchar a la fuente, sino que acaso los piratas se lo llevan preso o las fieras lo destrozan. Yo le he oído gritar». Así dijo. Al escucharle, a Heracles comenzó a brotarle abundante sudor de las sienes y la sangre le hervía negra en sus entrañas. Afligido tiró por tierra el remo, y corría por el sendero en la dirección que le llevaban precipitado sus pies. Como cuando un toro atormentado por un tábano se desboca, abandona pastos y praderas, y no se cuida de los pastores ni del rebaño, y unas veces corre sin descanso su carrera, y otras, deteniéndose y alzando su ancho cuello lanza un mugido, herido por el terrible aguijón. Del mismo modo él, enloquecido, unas veces movía sus rápidas rodillas sin parar, y otras en cambio abandonando su ardor gritaba con su enorme voz que penetraba a lo lejos.

Entonces sobrevino sobre las más altas cumbres la estrella matutina, y con ella llegaron los vientos. Rápidamente ordenó Tifis embarcar y aprovechar el viento. Ellos subieron a la nave con presura, ansiosos, y tras recoger a bordo del barco las piedras de anclaje, tensaron los cables. Se hinchó la vela en su centro, y lejos de la costa surcaban alegres el mar frente al monte de Poseidón. [...] Entre ellos se entabló una violenta discusión, y un vocerío inmenso, sobre si iban a marcharse abandonando al mejor de sus compañeros. [...] Pero del rugiente mar surgió a su vista Glauco, muy sabio intérprete del divino Nereo. Emergiendo su rizosa cabeza y el pecho hasta sus flancos, tendió su robusta mano sobre el costado de la nave, y gritó a los agitados héroes: « ¿Por qué, en contra de la voluntad del gran Zeus, persistís en conducir al fuerte Heracles a la ciudad de Eetes? Su destino es realizar en Argos con fatiga todos sus doce trabajos a órdenes del cruel Euristeo». [...] Y en tanto amenazaba Heracles con devastar Misia, si sus habitantes no descubrían el destino de Hilas, estuviera vivo o muerto.

(Apolonio de Rodas)

El culto

En procesión coral, nimbos y estelas,
desde el dorado promontorio altivo,
al ameno, al festivo
vallecico descienden. Son las Melias

del bosque, que en los llanos de Artemisa
ofrecen a la casta y pura diosa
culto y honra gozosa
cuando la luz se muestra ya remisa.

Por su eterna virtud, jamás el llanto
del amor a los ojos de estas bellas
afloró, siempre ajenas a sus lides.

Divinales doncellas,
Oréades, Alseides y Hamadríades
que entonáis frente al mar el casto canto.

El rapto

Fue al sagrado deber también llamada
la ninfa de las aguas; al arcano
culto virgíneo, que en el verde llano
se ofrece. Donde estaba su morada,

por caminos cercanos, de una fuente
iba Hilas buscando el paradero,
para llenar su broncíneo caldero
con agua y preparar cena a su gente.

Lo llenó. Alzó la ninfa su semblante.
Quemóse su frialdad en el rostro bello
—¡sierva conversa a Cipris!— y al instante,

con industrioso alarde femenino,
la algosa cabellera le ató al cuello,
hundiéndolo en el turbio remolino.

El grito de Hilas

El señor del tridente, Posidón,
no amó a Pélope en figura fingida;
y si raptó al garzón la águila en Ida,
fue a plena luz del día su ascensión.

Tú, acuático reptil, nocturno llegas;
me violenta tu abrazo poderoso
y al hipnótico flujo ponzoñoso
de tus ojos de áspid me doblegas.

Un imperio celeste aquéllos vieron
y tú tumba de algas me deparas.
Inmortal compañía conocieron

y a mí hermandad de monstruos me preparas.
Con los dioses se cuentan hoy sus nombres,
mas yo soy para olvido entre los hombres.

Lamento de la ninfa

Gozosa ninfa fui que en la morada
húmeda y silenciosa de este lago,
al par de mis hermanas, con halago,
vivía en gran quietud, libre, apartada.

Mi casta eternidad entretenía
tejiendo finas telas, delicadas
labores a los dioses ofrendadas
cuando al caer la tarde el culto hacía.

Hoy soy Furia amorosa, sin sosiego;
ardiendo como brizna de la troje,
como campo incendiado por azar.

Cuanto ideal de vida tuve, niego;
y el alma ordena, ¡mísera!, que arroje
el divinal pasado al muladar.

Heracles vuelve a la región de los Misios

A Javier García y Pedro Conde

Un destino cruel, que me fraguaba
para el dolor, me atrajo al negro Cío;
para perderte en el turbión del río,
Hilas, mi joven Hilas, ¡cuanto amaba!

Recuerdo aún la jornada: el remo roto,
la arribada en la noche, y a la ninfa,
su fuego fatuo en la sagrada linfa,
y tu grito en lo oscuro, en lo remoto.

Han pasado los años. Tanta hazaña
que me impuso la vida injustamente
me ha dado un corazón en el que encaña

un salobre desprecio indiferente
por lo que el mundo en su vivir entraña.
¡Se es sabio en el dolor forzosamente!

III   La noche del emperador

Se solía citar la vida privada del senador Petronio
Máximo como raro ejemplo de felicidad humana. [...]
Pero el día mismo de su encumbramiento le anocheció
para su felicidad, pues quedó encerrado en su palacio, y
tras de pasar la noche en vela, suspiró de que había
llegado a la cumbre de sus anhelos, y sólo ansiaba ya
apearse de tan azarosa elevación.

(E. Gibbon)

I

Mientras buscan las Horas, de pie lento,
luz con que devanar,
entre sus tersas manos, el nuevo día que apunta;
vaga Máximo solo por el amplio triclinio.
Una angustia inconcreta
ahuyenta el sueño de sus turbios ojos.

«Ángeles que trajisteis en triunfo mi corona,
nada habéis dicho del jardín perfecto en que florecen
los insólitos frutos del humano consuelo.
Y debisteis hacerlo, pues un turbión de angustia
ha velado mis ojos con el manto imperial
que ha caído oneroso sobre mis hombros débiles.
Suficiencia y honores, fama, poder... ¡peldaños
son del palacio que habita la ansiada Felicidad!
Si ya he subido el último,

¿por qué esta desazón, este vacío,
esta terrible oscuridad en torno?»

II

Arde en llamas de sombras el palacio imperial.
La brisa, que penetra por el alto triforio
y mueve levemente cortinas anudadas
en mitad de los vanos, a modo de mainel,
alienta mortecinas antorchas que encendieron
los diligentes fámulos al comenzar la fiesta.

«Mi furia de ambición me ha conducido,
como en sueño, a través de venganzas y muertes,
a conseguir, osado, este frío terror en soledad.
¿Qué alcanza quien no puede darse ya al sueño placido
aun rodeado de guardias en vigilia perpetua?
¿Qué autoridad la mía, si en la honra que mis súbditos
me dan baso mi mando?
Se diría que, junto con la gran dignidad,
el Eterno me ofrenda una mente más noble;
y ya no puede nada sacarme de este vértigo
al que la lucidez imperial me ha entregado».

III

Los vasos y las copas, caídos, sucios, sueltan
un hilillo morado del vientre, si un fantasma
de la noche, en el seno del silencio, los mece.

«¡Que se levanten todos, los que duermen felices
y me llaman señor; todos los que descansan

en paz de incomprensión, libres de angustia
a fuerza de ignorancia;
porque Máximo quiere enajenar su dicha!
Muchos han de achacar al poder adquirido
los posibles horrores que tenga mi reinado.
El vulgo no comprende que la desesperanza,
cuando tiene una voz que acatan los serviles,
se embriaga de lujuria y disfruta matando».

IV

El aire se remansa en los lienzos manchados
con el último vino, con el que se ha brindado
por el Emperador Petronio Máximo
—el nueve antes de Augústulo es su sitio
en la lista de césares ignotos—.

Si mató por honor, estoico circunspecto;
descreído bufón, mancillará sin honra.
Quien por justicia habló, propiciará la intriga
en palestra propicia: que es intriga la corte.
(La espada que Dionisio colgó sobre su trono
de una crin de caballo, para ejemplo de Dámocles,
es un símil perfecto).
                              ¡Dámocles venturoso!
Un breve espacio fuiste rey de hombres y de tierras.
Y lograste un instante realidad tu deseo
sin perderlo un momento, por la dulce zozobra
de que sólo duraba un espacio tan breve.

V

Hay hálitos de ausencia: sudores y regüeldos
al reposar en soledad de olores
la solitaria estancia;
alguna prenda íntima,olvidada
se despereza en un rincón oscuro;
y un barrizal de viandas y de pétalos
perpetúa las huellas de pies atropellados
al final de la noche. Un enjambre de ratas
devora, entre las fuentes que entrechocan,
los restos de comida.
Son los últimos ecos. Todo está consumado.

«Al llegar a la cumbre, anochece en mi alma.
No mereció la pena el sinsentido
de dirigir mañana los destinos humanos,
si el mío se me escapa.
¡Si pudiera entregarme, al menos, a la muerte
con dignidad augusta! Al igual que las rosas,
el gesto desdeñoso, negligente y pausado;
sin lastimeros llantos, sin quejas de cobarde».

VI

Se hace presente el alba, traslada sus fulgores
a la estancia sombría y envuelve al nuevo césar
cual funeral mosaico anticipado.
Pronto su cuerpo, herido por la piedra del vulgo,
flotará sobre un Tíber elegíaco, mortuorio,
mientras su alma entre sombras de mirtos buscará
perdurable reposo.

IV   Camafeos

Emily Dickinson

Toda su vida fue un secreto.

Cuando las *hermosas* de su tiempo volvían
de ese centro del mundo que entonces fue París,
más sensuales los labios por bañados en champagne,
enterrecidos los ojos de tanto ver en la noche
neblinosa de calinas y tabaco;
ella, la *nunca elegida*,
proseguía en solitario sus escritos, sin consuelo,
puesto en el verso, desnudo y amargo, el corazón.

Y la idea de la muerte le era una ola de paz acariciante.

Adriano de Atenas

En el siglo de Cristo, Adriano de Atenas
llenaba de estupor a los alejandrinos
con adivinaciones.
Decían que había sido arrojado de Tarento.
Ciertamente llevaba en su frente el estigma
de algún país lejano y bárbaro, inhóspito
para con extranjeros.
Se instaló en una choza de pescadores, junto
al puerto, y convocaba a los viejos espíritus
de sus antepasados.
Le llenaban las arcas y también el vacío
que, lejos de su tierra, agobiaba su alma.
Jamás había podido aceptar estar solo
como hecho consumado.

Johann Joachim Winckelmann

El cielo estaba gris y el aire humedecía.
Un carruaje avanzaba seguro hacia su meta.
El caballero Winckelmann, camino de Alemania,
pensaba en inmutables amistades antiguas:
Teseo y Piritoo, Aquiles y Patroclo...
Guardaba junto al pecho
dos queridas misivas de Friedrich Reinhold von Berg,
arrojado a París: infierno del deseo.
Parecía aclarar del lado de Venecia.
Los solitarios mármoles romanos aguardaban
expectantes su vuelta para el resurgimiento
en fontanas azules.
               Temor.
                        Presentimiento.
Y punzante dolor.

Un ángel de Durero, entre nubes, ardía.
Los mármoles romanos aguardaban su vuelta
inútilmente. Un ocho de junio le esperaba
definitivo y frío.

Ludwig Tieck, lector de Goethe

Claridades opacas, mortecinas bujías.

El libro, suavemente inclinado, ofrendaba
sus crípticos grafismos al mundo de los ojos,
transformándose al cabo en potencia sonora.
Tieck, la diestra en el aire, dibujaba las trémulas
inflexiones, los dulces acentos amorosos,
los gritos, las viriles pasiones, las serenas
escenas razonadas.

Lágrimas perezosas en las blancas mejillas
de las mujeres fueron
el elogio callado para el poeta ausente.

Theodor Lessing

La enorme muchedumbre, pesada, abotargada,
coreaba a la esvástica en un clima de fiesta.
Hasta el remoto exilio llegó en forma de balas
el triunfo del partido.
Un silencio crispado como cristo de Grünewald
atenazó su nombre: Lessing, el desdichado.
Y esa *Muerte en Venecia*
que nos cuenta Visconti con riqueza importuna
de imágenes, fue fosa
al túmulo que Mann pensó un día erigir
a esta vida de artista acallada en la sombra
por la barbarie torpe.

Quédese usted este invierno, por siempre, en Marienbad.

Anton Webern

¿El ángel de la muerte o el ángel del destino?

Acaricias tu obra con manos de nodriza,
mimas su perfección en días que no acaban
sino con un cansancio que los ojos acusan;
ignota, mas no importa —porque tú eres consciente
del poder de convocatoria que le insuflas—.
Un día llegará en que venga la gloria.
Mientras tanto soportas persecución, penuria,
dos guerras, remoquetes de cualquier tipo y tono
porque eres judío, como Schönberg y Mahler,
encerrado en la obsesa búsqueda inexcusable
cada día, cada hora, del perfecto absoluto.
Y cuando en la mañana de ese día esperado,
con su alba de periódicos, que vienen de New York
y London propalando el genio de tu arte,
al salir al jardín de tu casa una bala
errada te da muerte; nos preguntamos todos:
¿El ángel del la muerte y el ángel del destino
son uno mismo? Y nadie contesta a la pregunta
desde que el mundo es mundo.

V   Las edades

(Homenaje a C. D. Friedrich)

«Huesped de lamentosa melena grasienta
bajo sombrero chambergo,
Viejo del sobresalto, Muerte—
desciendes hasta estas rocas donde me avistas postrado
y sólo soy el ojeador del mar.

»Antes que nada puedes preguntarme, Juez
que siempre detienes la última palabra,
el misterio que ha desentrañado al océano
el hombre que soy a mi edad.
Puedes preguntar. Te contestará mi boca,
la entumecida, con el balbuceo de lo inexplicable,
con la desolación de lo que ignoro tras años
de otear cansado, los párpados de fuego,
la nebulosa del mareo anidada en las pupilas
de águila avizora de vacíos infinitos.

»Me dejó otro triste y desconocido harapiento como yo
un día en esta orilla que atardece sin cesar.
Una bandera de dolor clavó a mi vera, en el montículo.
Y me embarqué sin tregua y sin contrato.
Yo entonces no sabía lo que era un galeón

ni de qué modo te vician los viajes los tiernos hombros
hasta hacerlos desfallecer de deseos impracticables,
de desilusiones horribles, de una sed infinita
en mitad de las aguas...

»Me embarqué —te decía— sin conocer el mar.
Sin saber el misterio de las naves que tornan,
después de haber crecido con la magia del tiempo
y el alejamiento, por horizontes de rectas que dividen
figuradamente al sol y juegan con la luna
ocultándola y dándola en ofrenda lejana y suplicial.

»Por el alto confín me fui enterando
de que hay navíos náufragos que no vuelven jamás
a esta costa de origen.
Los hay que, apenas salen, se engolfan en las rocas de algún
                                                    / acantilado.
Y, al regreso, he sabido también, con estupor,
que hay hombres que ni parten, comidos por palomas
costeras carniceras que yo no he visto nunca,
o reptiles noctívagos que acechan en sus grutas
la noche sacrificial.

Yo he sido venturoso, en cambio, triste Viejo
de báculo de nódulos, si pienso en los que vagan
perdidos por el océano o mueren en sus simas
o bien en sus tormentas de verde reflejado en olas sin piedad.
Yo, que he marchado y he vuelto,
y me he visto crecer, robustecerse mis brazos,
ganar a la Naturaleza poder para mi autodefensa
y a la Sabiduría creadora néctar para mi cerebro inteligente,
puedo llamarme con certeza afortunado

si pienso en los occisos.

»Y bien, aquí me encuentro.
El panorama vuelve a ser como aquel día húmedo
en que sentí la costa ante mis piernecitas endebles
y una mano solícita me enseñaba el camino
sosegando mi azorada incertidumbre, marcándome,
con el frufrú de su falda, cómo había de trocar temor en decisión.
También ante mí había un hombre de mi edad ahora,
mirándome con calma, sin hablar,
pero con emocionado gesto algo distante y preocupado;
un poco osco, mas profundamente bondadoso.
Todo se repite al fin.
También había barcos en el largo horizonte
que aquí vemos azul. Y era un crepúsculo.
O quizá amaneció, porque era frío.
Cercano, de regreso, un enorme navío ocupó mi interés.
Entonces yo caí en la barca pequeña que se hizo a la mar.
Encalló un momento con restos desechados
junto a la costa recortada, mas sólo fue un momento.
Después comenzó un plácido deslizarse tranquilo
por la plana llanura mullida de la mar.
Herían mil colores la ondulación perenne
a borbotones. Y aún nada sabía de mi futuro incierto
ni de mi aprendizaje.

»Ahora, Viejo, todo se repite.
Ahora, Viejo, comprendo, temo más y reitero
en mi rostro aquella bondadosa mirada preocupada
que es cuanto conocí de mi padre.
Y siento renacer en mis fríos músculos las calientes solicitudes
al ver a mi pobre hijo cuidado por su madre.

Y al saberte ya cerca intuyo que me quieres,
intuyo que me buscas y no tiemblo por mí
—pues si grave es morir, es natural agravio—,
tiemblo por mis retoños,
porque los precipicios están tan cerca y tú
resultas implacable. El mar me lo ha contado.
Yo sé que nada vale partir para volver.
Pero los hombres amamos este salado diálogo de trece lustros;
este duro y difícil luchar contra los vientos.
Las lenguas encendidas de los cielos nos intimidan a veces,
los negros remolinos salitrosos nos paran los pulsos,
pero es dulce para el marinero de la vida
su húmedo diálogo diario con el mar.
Y acaba amando lo único que tiene: lo que es.
Si esto es penoso y apenas nada,
más triste es asomarse un día al mar para no navegar nunca por él.»

El Viejo, en silencio —quizás no lo escuchaba—,
apoyó su bastón en una roca
sobresaliente allá, junto al barranco.
Alguno de los niños se lanzó a la carrera de repente.
Los otros, asustados, llorosos, le gritaban.
El Viejo abrió los brazos. Su bastón resonó con triple golpe.
Cedió la roca y despeñóse el niño.

Grave es morir, mas natural agravio.

Las barcas, en la orilla, dispuestas a partir,
contemplaban un enorme navío de regreso.
El Viejo, lentamente, se separó del grupo
que, atónito, en la costa,
posaba sin saberlo para un cuadro de Caspar David Friedrich.

y VI   Ejercicios de soledad
o Ariadna del amor

Extendió la mano para tocar ¿qué?, tan sólo
el vacío del cuerpo amado;
y le rebulló, como paloma en el nido,
el sobresaltado corazón.
De nuevo buscó Ariadna
y era en la garganta un mar la angustia.
Incorporóse la joven en el montón de pinochas
que el cónyuge, alevemente solícito,
y al abrigo de unos peñascos, juntara
cerca del mar, al ocaso.
Calmas iban las aguas y la luna
—blanca como el dolor— cebraba
el bosque, rielaba el mar
y perlaba las gotas de sudor de la mísera abandonada.

ARIADNA:
Afrontaré los lechos, ¡tan grandes y tan fríos!,
otra vez solitaria.
El deseo de nuevo hará presa en mi carne
y el hombre más ridículo me podrá poseer.
Me verán, como loca, en mi terraza, abrir
al fresco de la noche veraniega mis gasas,

ansiosa de varón, después de tantos días
de carencia de cuerpo. Todos los centinelas
del palacio del rey saciarán sus instintos
contemplando mis carnes.
Seré la hembra de toda esa grosera legión
de miradas lascivas, en la lobreguez húmeda
de los puestos de guardia.
Y cada vez que encuentre al amante de un día,
con él también vendrá la inevitable angustia
del volver a afrontar cara a cara el vacío.
El cuerpo para siempre tibio; y esos amantes...
¡migajas de los dioses menos misericordes
que buscan alargar por tiempo indefinido
la absoluta frialdad que conduce a la tumba!
Ya no podré ocuparme en ningún quehacer lento.
Será apresuramiento mi angustioso vivir.
Mi instinto violará de nuevo toda ley
y la culpa, de nuevo, sin amor que me ofrezca
la justificación,
volverá a mantenerme en ansiosa zozobra.
Me morderá la envidia junto a toda pareja.
Dudaré ante el espejo de mi hermosura y me
entregaré de forma desmedida al afeite.
No podré vivir sin la compañía de brujas,
de solitarios mágicos y de ritos a Venus.
Y, aunque sepa distante al traidor de mis sueños,
no empecerá el tristor, unido al desengaño,
que la esperanza informe su fantasma
—en conjuración necia con el torpe deseo—
por todas las esquinas de calles y moradas,
para sobresaltarme eternamente en un
inútil aguardar
y porque ni aun los dioses soportan estar solos.

TESEO:

Ahora cada momento se muestra con el encanto de lo sorprendente,
con la ilusionada expectación que precede a un regalo,
desde que tus ojos no están para censurarme.
Se han abierto en el mundo, y para mí,
todos los frascos de esencia;
aguardaban la libertad de mis pulmones
y ¡cuánto matiz con cada color!,
¡qué mundo el de los almendros en febrero!,
¡qué verdad, que me toca antes de que las manos lleguen,
la olorosa verdad de las flores!,
¡cómo me conduce hacia las formas redondeadas
de una carne prieta
esa acre presencia intangible...!
Con los campesinos hablo
mientras me ofrecen un vino peleón
de taberna perdida entre naranjos.
Nada me impide que en una barra de un bar
diga a quien se sienta al otro extremo
cualquier despropósito liberador de energía.
Me pierdo por las sendas, en los carriles
que mezclan la tibieza del sol poniente
a la humedad que da la acequia.
Y, cuando estoy triste, en soledad
también me mantiene la estética.

ARIADNA:

No es la soledad en sí lo que más duele;
es esta soledad repleta de recuerdos,
es esta soledad como mar de carencias,
donde a cada momento falta un gesto, una mano
que acaricie o un viento de palabras de amor

exaltando mi piel, dilatando mis poros.
Yo antes conocía la soledad-indolencia
que hace leve la vida:
un agua lubricante que preserva, al que pasa
como un ahogado en vida, entre blandos cristales.
Pero ahora se han llenado de destellantes luces:
fantasmas del pasado que queman, que hacen daño.
La soledad consciente, la soledad que muerde,
que inquieta y martiriza es la que tú me ofrendas.
Resulta insoportable
y mi alma quisiera aborrecerte.
Pero aunque si volvieras nos entregaríamos
al calenturiento juego de los reproches,
te prefiero de nuevo entre mis brazos,
para eterno desasosiego del espíritu,
con tal que la carne permanezca
limpia de la mácula del deseo.

TESEO:
Me ofreces la anodina felicidad de las lentejas.
Pero sólo me hace que vibre lo distinto,
lo espinoso, lo grande, lo salvaje.
Y al dolor del ensueño me entrego. ¿Sólo sueños?
¡Bien! Si son sólo sueños, dan a cambio ilusión.
Tú únicamente ofreces apacible mediócritas
en la que no es posible madure lo que soy.
Es por esa razón que marcho de tu lado.
Bien sé que no me alcanzas,
bien sé que no comprendes
esta obstinación mía (pues que tú así la llamas).
Tampoco entiendo yo —que te sirva de epítima—
de qué nace mi afán, sin límites concretos.

Me gustaría a veces dormir sobre tu pecho
la apacible tarde de un sábado televisivo,
sin ansias, sin inquietudes, sin zozobras,
sin esos pinchazos de la consciencia
que dirige mi mente a lejanías...
y me hacen insoportable lo culinario a tu lado.
Sería hermoso también dormir
el dulce sueño de lo diario,
los mínimos problemas de cada instante,
dejando transcurrir la vida,
en la droga de lo casero,
hasta un inevitable final
más o menos lejano.
Pero, acéptalo, no puedo
sino con renuncia. Y me sublevo y grito.
¡Cómo le duele a tu alma niña!
Tu compañía amorosa —comprensiva por tanto—
acepte, sin entenderme, este monólogo y mi huida.
¡Cómo me duele que sufras por mí!
No es posible, en este estado, dejar pasar los años
sobre nuestras cabezas mondas o blancas,
siempre en la distancia juntos,
la incomprensión como envoltura inevitable,
aferrados contra la soledad:
monstruo terrible que une en batalla.

ARIADNA:
Si al menos no me hubieras dejado en esta isla,
quizás habría encontrado consuelo a tu abandono,
cualquier inesperado día, en brazos de otro.
Una obsesión de amor a veces se apacigua
en el cálido lecho de algún nuevo amador.

En principio te entregas por despecho, por ira,
y en la tierna acogida empiezas a notar
alivio al dolorido corazón inflamado.
Poco a poco va entrando su entrega y van cobrando
fuerza en ti sus palabras, sus gestos, su valor.
Un día te sorprendes complacida en el lecho,
respirando sosiego en sus brazos. Te vas
dejando seducir por sus dulces acentos.
Y acabas olvidando la morbosa pasión.
Pero tú ni siquiera has sido generoso
con tu víctima un punto. Azorado en la huida,
torpe e inexquisito, burdamente la dejas
en la isla desierta.

CORO DE NINFAS:
A la larga ¿qué importa que lo llames Teseo?
Siempre, en todas las vidas, hay alguien que te enseña
la boca de la cueva. Te abandona en la isla
del Naxos de ti mismo. ¡Y te hace comprender
que el pecho sobre el que antes segura te inclinabas
era un engaño, era un mundo de inocencia!
¡Por siempre y desde siempre la humanidad está sola!

*

Quisieran relatores melifluos acabar
esta historia de Ariadna
con una epifanía del señor del tridente,
el del sordo bramido, en rescate impensable.
Se sabe a Posidón fiel siempre al lidio Pélope,
quien fue primer Ganímedes;
y sus corceles áureos no cargaron más peso

de amor y de deseo después que devolvieran
al ingrato mancebo al palacio paterno
y a la estirpe humanal, la de breve destino.

¡No existió el astro ardiente de la Corona Gnosia!

Mas la verdad se encierra
en la vieja leyenda ignorada que os cuento:
Teseo regresó a la isla de Naxos.
No pudo cometer el supremo pecado:
el pecado de olvido.
Recorrió la desierta
llanura de la isla, poblada de alimañas,
asilvestradas gándaras, cizañas y lampazos
que ningún escardillo tonsurara jamás,
sin hallar una huella ni un rastro que indicara
qué había sido de ella.

Engredados los pies, el rostro descompuesto
y ausente la mirada, cada noche volvía,
encerrándose aislado, solo, en su camarote.
Durante cuatro lunas confinó a sus marinos
en el flotante leño.
Nunca olvidaba dar las órdenes precisas,
permaneciendo el barco siempre anclado en la rada.
Había transportado en cofres precintados
formularios arcanos, papiros que guardaban
en urnas babilónicas entrañados misterios
y en mágicas redomas éteres que invocaban
en sus nieblas de viola imágenes perdidas.
Todo por descifrar
el oscuro misterio que lo ahogaba.

Lo llegó a penetrar una noche serena
que le mostró la sombra del salvaje animal,
¡su cruel metamorfosis en hiena carnicera!
Fiero y atroz, su retumbante grito,
quebró el sopor nocturno de su impávida gente.
Investigó que hay sombras excesivas
dadoras de la muerte:
del ansar de Corinto, de la grulla estrimonia,
del vicioso ramaje y de esta hiena
que fuera un día mujer.
Dueño entonces por fin de su destino
y sabiendo cómo hogaño los mortales
encuentran en el corazón del hombre
lo que antaño sembraron,
emprendió la excursión definitiva.

Volvía a ser luna llena,
como aquel día lejano de la huida.
¡Ah, Destino, Destino!
Quien no ha sufrido nunca tu humor descabalado,
te pudiera creer invento de poetas.

El salvaje animal, como todas las noches
—aunque antes lo ignoraba el fiel Teseo—,
esperó a que luciera con todo su esplendor
el plateado astro,
y a que él regresara.
En un camino abierto, sin maleza,
se mostró ante su víctima. Extendió
sobre ella su íntima noche hipnótica.

Muy cerca de la bestia, la sombra del anciano,
ansiosa de sosiego,
pareció prolongarse, desleír su mirada
y sumarse a la grave de Ariadna.

Asumido el destino inevitable,
quieto, aguardó Teseo
el letal magnetismo,
los musgos de la insidia,
la sutil telaraña, el connivente
y mágico tejer de la maleza.

Era al fin un alivio, para el memorioso anciano,
sentir sobre los párpados el frío de la muerte;
y, viendo aquellos ojos —encendidos tizones
que nunca humedecían las mejillas peludas—,
sumirse en la mefítica calina de su sombra.

Teseo deseaba reproches y lamentos,
pero la hiena estuvo silenciosa.
A su sombra letal, húmeda, destructora,
el cuerpo del amado se acurrucó, buscando
la paz. Sintió la fuerte atracción de la muerte
convocarlo a la gruta negra del sinsentido,
de la nueva inocencia.

DEL TIEMPO DE
LA PROPIA VIDA

(1978-1986)

Perilo de Atenas, escultor

Un ingenio podrido, en la Sicilia
de Fálaris, creó un portento extraño:
un broncíneo animal, un toro hueco
dentro del que se colocaba a un hombre
y, aplicando una hoguera bajo el vientre,
mugía el toro con el llanto humano.

El artífice inauguró el invento.
Ese fue su salario. «Y fue lo justo»,
según nos dice el Dante
en su humana *Comedia*.

Siglos antes, Luciano había fingido
el mismo juicio en boca del tirano
cuando probó el invento
y pagó a su escultor con el suplicio.
Y Bocángel también nos lo contó
muchos siglos más tarde.

Y antes y después, otros varios poetas
han contado esa misma
proeza de crueldad y de justicia.
Puesto que la poesía
también resulta ser el modesto ejercicio
de recontar lo que otros ya contaron,
descendiendo al Olvido a rescatar
los mitos perdurables.

Las musas inesperadas

Cuenta Giorgio Vasari en sus célebres *Vidas*
que, siendo ya muy viejo,
le encargaron a Ucello pintar en una iglesia
un cuadro; y que el pintor,
teniendo, al parecer, conciencia de que había
de ser su última obra,
quiso mostrar con ella todo lo que sabía de su arte.

Hizo tapar con tablas el recinto elegido,
para mayor asombro de las gentes, una vez terminada;
y aunque los transeúntes siempre hacían preguntas,
mantuvo expectante a toda la ciudad durante la labor.
Concluida y una vez expuesta al público,
alguien certero dijo
una frase letal, hoy ya famosa
en la Historia del Arte:
«Nos la muestras al tiempo que debieras taparla».

La abrumadora técnica, la búsqueda teórica
había abotargado la mente a Paolo Ucello
a lo largo del tiempo de su vida.
Y llegó a viejo ignorando
ese trabajo febril,
hijo de un don, al que obligan
las musas inesperadas.

CON EL CUERPO DEL DESEO

(1990)

Y danzar cuerpo a cuerpo la danza terrible
(Homero)

El cuerpo del deseo
(Amé a quien no quise)

I

Intentemos amarnos como si los dos fuésemos figuras creadas por un poeta y que se encuentran en las páginas de un libro.

(Musil)

Debería haber sido como en Epipsychidion; *pero no lo era, acaso porque W. había querido demasiado conscientemente que fuera así, porque había tratado de modelar deliberadamente sus sentimientos y la vida de ambos conforme a la poesía.*

(Huxley)

[Te he conocido hoy una vez más]

Te he conocido esta noche una vez más,
belleza irrenunciable.
¡Cómo me hubiera gustado brindarte serenidad,
y lucidez! No he podido.
Solo, en mi casa de nuevo,
la angustia de no tenerte entre mis brazos me asedia;
de no estrechar tu cintura
ni besarte en esos labios que quisiera balbucientes.

Voy al poema, a plasmarte
en unos versos —hermoso

cuerpo ausente y deseado—,
los mismos de tantas noches de fracasada aventura,
y la pluma se detiene por no querer repetirse,
¡aunque el dolor de una ausencia no se recata de serlo,
por lo mismo, tantas veces!

Me queda, pues, esperar que, si me encuentro de nuevo
ante el cuerpo del deseo,
pueda obtenerlo por fin,
y el silencio gozoso, tan sólo, diga mi dicha.

[Tengo fe en muchas cosas]

Tengo fe en muchas cosas;
pero ¡qué etéreo el mundo cuando de fe se habla!
Y, en cambio, tus cabellos, tus piernas, tu cintura
se muestran tan rotundos, tan concretos
por esta calle en la que transitamos,
solos cada uno, aún por conocernos.

Con ansias del momento el sol subraya
la única verdad a la que puedo asirme:
tu cuello sin reproche, y tu cuerpo
de perfecta obediencia al pantalón ceñido.

A ti me rindo, flor de una nueva aventura,
y en ti pongo toda mi atención.
En ti, que no eres nada
y eres todo lo que ahora
puedo contar como mío.

[Quizás debiéramos no dormir juntos esta noche]

Quizás debiéramos no dormir juntos esta noche.
¡Son tantos los problemas que al fin nos ahorraríamos!
Pasaría dulcemente el tiempo del deseo
sin que hubiera cansancio, ni exigencias:
gabelas de los cuerpos
que, por juntarse tanto, el uno acaba
asomado al espíritu del otro,
viendo en él el horror de tantas cosas.

Pero hoy me he sentido un hombre viejo:
cuando ya nada importa de morales pacatas,
cuando uno se acerca sonriente
a los recuerdos de lo antes vivido
en revancha contra el vacío cruel
que se alza inminente ante el futuro que no existe.
He cruzado en el tiempo hasta esa edad
del total desengaño, sin sostén ni aliciente,
y me he visto y te he visto recordando
como sueños dorados el dolor de estos días,
y he decidido no decirte nada
y entregarme al deseo con tu cuerpo.

[Tan lento en confirmar las amistades]

Tan lento en confirmar las amistades
como me he visto siempre,
no me ha costado mucho acostumbrarme a ti,
¡tienes tanta belleza!

Mis amigos se ríen
del tacto con que trato habitualmente;
y los que me conocen apenas, mis distancias
las juzgan altivez;
sin embargo contigo me ha sido tan sencillo
abrirte el escondite
de mis ansias, deseos y esperanzas.

No puedo hablar, no obstante, de locura,
porque no ha sido eso.
No hay flechazo, no hay obnubilación.
Tan sólo un no importarme tu asedio; que penetre
el centro de mi vida esa raíz extraña
que es tu inesperada presencia junto a mí.

Y al transitar mi casa,
al reflejarte en todos mis espejos
y al ordenarme a tu manera,
sólo siento el asombro
de que no se despierte
en mi interior esa necesidad
de volverlo a poner todo en su sitio.

Me gustaría inventar un nombre nuevo
para esta inquieta fructificación,
para este don oscuro y pasajero,
para esta unión que surge entre nosotros.

[Porque en nuestro presente no quiebra la zozobra]

Porque en nuestro presente no quiebra la zozobra,
tras las sombras primeras de la ausencia,
el apaciguamiento en soledad;

cada vez que te marchas cuando llega la noche,
sin voces viene el sueño,
y sin tiernos abrazos,
a imponer lentamente su tristeza tranquila;

me pierde la planicie de las sábanas
en su larga blancura, y el corazón me late
apresurado y apesadumbrado
sin que baste el armónico decir del reloj
para enseñarle acompasamiento
en la paz del descanso.

[Me pide el corazón algunas veces]

Me pide el corazón algunas veces
que sea reflexivo —¡paradoja!— y que intente centrar
en unas coordenadas de palabras
este extraño misterio que es mi amor.

Mientras duermes, contemplo tu cuerpo poseído
una tarde de fiesta para olvidarlo luego
y pienso que ese *luego* se va alargando mucho;
me alarman los reencuentros, los besos, las palabras
cada ocasión más tiernas,
quebrándose las cañas de la voz en lagunas
de sábanas calientes,
cuando en el lecho amante se recrea un diálogo
que otras veces fue sólo seducción y ficción.

Quizás a estas alturas era mucha la falta de cariño,
¡demasiado vacíos los brazos tanto tiempo!
Reblandecen los años la independencia ansiada
y va calando hondo la soledad, sin tregua.

Todo es aún muy reciente entre nosotros;
mas la íntima batalla,
el susurrar de voces,
el pegarse a los lomos de una carne
en hurgamiento urgente,
no sé cómo llamarlo sino amor.

Cuando sirvan las palabras
para rescatar los restos que conserve la memoria
de esta magia que ahora pide sólo vivirse;
cuando tu cuerpo dormido ya no esté sobre esa cama;
quizás comprenda más
o quizás sólo alcance a expresar los recuerdos.

[El día que nos vimos en la calle]

El día que nos vimos en la calle
pareció todo aunar no sólo las miradas
y empecé a confundir
dos verdades distintas, dos mundos diferentes
entre los que me he vuelto un viajero anhelante,
yendo y viniendo hasta tu ardiente cuerpo.

El entusiasmo aún nos atenaza,
siendo todo del gozo en nuestras vidas.
No podemos saber lo que no es del amor.

Pero un fulgor de duda
surge a veces. Son flores de un segundo
que ennegrecen el sueño.
                              Esta tarde,
sin ir más lejos, cuando
te he besado con ligereza torpe,
¡no sé bien por qué irreflexivo impulso!,
tus ojos se han perdido en grises sombras,
el beso te ha sabido a rutina y has roto
a llorar en mis brazos;
se ha abierto por tan sólo un momento cruel
una puerta al vacío;
un convulso temblor
me ha transitado el cuerpo
y he puesto por testigo a un cielo que sereno
contempla desde siempre los amores
de esta insensata petición de amante:
«¡No quiero ni un instante serenar mi locura,
encorsetar mi ensueño
y mirar hondo en ti y en mí para saber
si mañana el engaño nos acecha!».

Tendrá que haber un tiempo...

¿Qué será de los días perdidos para nuestro amor,
cuando, distantes, inventamos sueños similares
y nos llamamos con ecos de campana en la llanura?

Ceniza de esos días, los deseos, las fantasías y las esperanzas
—todo el mundo que amar nos ha inventado
durante los momentos de mutua ausencia—,
un tiempo no lineal, algún día medido de otro modo,
los hará renacer del rescoldo que nos vive aún en el alma.

Porque es una locura este estar cada uno
anhelando la unión, y que la Historia,
concebida en obtusa linealidad de avance,
nos dé sólo en migajas abrazos y caricias.

[Si este volver a amar con igual fuerza]

Si este volver a amar con igual fuerza
que en años ya olvidados
me devuelve la fe en el antiguo mito
del eterno retorno,
la misma fe me advierte
de un mañana obligado al desconsuelo.

Déjame, pues, que te haga
mi luz por todo el tiempo
impreciso que duran los amores,
y que vaya cegándome a diario sin sentirlo,
aferrado a tu rostro, a tu frente de rizos,
por si acaso consigo perderme para siempre
en esta geografía de ojos claros.

II

Las huellas del exilio

Sin duda te amo. Ahora
en tu cuerpo se cifran las ansias de mis ojos
y tu espíritu forma un todo con el mío.
Pero no has de obligarme con tu culto
a olvidar esos cuerpos del pasado
que en otro tiempo fueron mi reposo.
No has de airarte si a veces
en sus aras realizo los misterios
que la memoria torna inevitables.

Lo hago también por ti, porque algún día
tu cuerpo ha de ocupar un sitio en mi recuerdo
como en el Panteón de tu pasado el mío.

[**Amor mío, has logrado ya que aguante**]

Amor mío, has logrado ya que aguante
mucho mejor la angustia que estar solo.
Has domado mis infidelidades.
A tus constantes y torpes
demandas de cariño me someto
ya sin un gesto agrio o de repudio.
Pero hoy que finalmente
soy tu fiel enamorado,
¡si al menos pudiera saborear con gusto
las modestas limosnas de los días
que rendido a tu lado
paso: este poso leve, apenas perceptible
en el fondo del vaso de mi vida diaria!
Mas ¡qué lento el andar
en busca inevitable de tu presencia!
Ahora me viene impuesto todo
con el sello de tu risa.
El agua de mi vaso trae como estela
la solícita mano
que aguarda un triste beso.
En sueños siempre tengo
un peso muerto al lado
que se resbala hasta mí,
que hiere de muerte ese mi deseo
de permanecer, desde mí mismo y solo, abierto al mundo.
Me decían todos antes,
cuando aún me rebelaba:
«Dale tiempo al amor».
Le he dado tanto tiempo
que me emponzoña un morbo
y pido con dolor –sin comprenderme-
que nunca más te vayas de mi lado.

[Tú, que hablabas de amor y te reías]

Tú, que hablabas de amor y te reías
de las cadenas que no rompe el tiempo,
de quienes niegan que el amor se acaba
y en torpeza vampírica
se aferran a un estar que es un suplicio.

Tú, que ungías tu boca con palabras
que eran juramento
de apartarte, de huir en cuanto hubiera
en nuestra entrega atisbos de rutina.

Querías conseguir, no obstante, esto
que ni siquiera me acongoja ahora:
negligente abandono a tus caricias,
estúpido reír a tus sandeces...

¡Qué distinto de aquello que acordamos!

[Las mañanas que pides]

Las mañanas que pides
el tributo a tu juventud, gritándome
cuánto me quieres,
no alcanzo a saber
dónde acaba el impulso de la carne
y da comienzo el ansia del espíritu;
porque siempre se muestran confundidos
carne y espíritu.
                    Y es confusión que a veces
me hace sonreír
y seguirte en la lucha sin preguntas,
aunque otras muchas me aleja,
hosco y desalentado,
de la mentira oscura de nuestra unión.

[Un temor me sacude]

Un temor me sacude:
que empiezo a no sentirte
algo extraño en mi vida.

Después de tanto tiempo
en dulce placidez, con la anestesia
de tanta soledad que desconoce
territorios distintos,
has entrado en mi mundo.

Mi afecto hospitalario
te permitió acceder
a íntimos lugares
que nunca perturbaron
manos despreocupadas
ni ojos de silencio
expectante e interrogador.

Mi privilegiado huésped,
has empezado a ser parte
de este sacro mobiliario
desprendido de mi alma,
y ya no sé muy bien
a qué he dado permiso,
o qué te permites tú
en nombre de nuestro amor.

[Vamos a la habitación]

Vamos a la habitación.
En el rito entra también poner un disco muy bajo
y apagar algunas luces,
para que inicie su acción una zozobra inventada.

Los cuerpos se reconocen
una vez más con cansina monotonía y las sábanas
están más frías que nunca.

Oculto entre tus hombros la cabeza,
evito que me mires a los ojos,
que pongas en mis labios tu esperanza,
mientras suena la música
y te abandono el cuerpo:
no ha cegado el cansancio todavía
el primitivo impulso.

Pasan unos minutos,
el disco va apoyando los modos del amar
y pienso que va bien
esta batalla de escamoteos,
aunque noto en tu cuerpo convulsiones distintas
que piden obstinadas más atención y afecto.

Aunque busques mi amor
permanece distante mi ser a tus embates,

como en una crisálida, resistente, letárgico.
Sé que puedo aguantar y culminar aún
nuestro encuentro permaneciendo incólume,
sin el dolor innecesario que
destrozaría más nuestra relación;
pero he de esforzarme para ello en no saber,
en ofuscar el sentimiento...

Entonces

la canción que en el tocadiscos suena
abre una herida en mi conciencia, fluye
en todo su sonido el profundo latir de una pasión
y comparo este hastío de los cuerpos,
este blanco ignorarte entre las sábanas,
con lo que allí se dice,
y quiere levantarme la lucidez, y mientras
con el cuerpo respondo puntual,
un desgarro se cumple por unas entretelas,
en no sé qué lugar, más allá de la carne.

[Cuando estamos muy juntos, abrazados]

Cuando estamos muy juntos, abrazados
-cansado de batallas con tu cuerpo,
de luchas con tu espíritu-,
respiro largamente, abultando
el oprimido pecho,
que espera el estallido de los brazos,
que caigan las lianas de tu mundo
y me dejen partir.
                    ¿Partir a dónde?;
puesto que estando solo
es fría la distancia y necesito
tu confiada presencia,
el caliente contacto de tu carne,
las llamaradas suaves
que enciendes con tus besos en mi ser.

Mundo mío, Certeza,
Terreno conocido,
Tedio y Seguridad,
cariñoso Reducto;
cuando hice tu conquista
me creé como soy.
Marchar hacia otro mundo
es igual que morir.

[Trabajo doloroso es este del amor]

Trabajo doloroso es este del amor.

Con un mismo deseo se acercan dos espíritus;
mas, cuando el fuerte viento
del anhelo inicial
calma sobre sus turbias cabezas y se enfrentan
dos seres solitarios,
dos fuertes egoísmos,
en el sereno páramo del maridaje, es duro
el empeño por convertir las auras
refrescantes del corazón de mayo
en cruda convivencia cotidiana
el resto de los meses.

III

*... las disculpas del lecho cotidiano, de
la mesa común, del ordinario hastío...*
(Céspedes y Meneses)

*País mal hecho
cuya única tradición
son los errores.*
(Cobo Borda)

[Me gustaría tanto tener claro]

Me gustaría tanto tener claro
que ya no te amo, que ha pasado el tiempo
y ha arrastrado consigo
aquella sensación de estar soñando
cada vez que miraba hasta tus ojos.

Y el caso es que en presencia, cuerpo a cuerpo,
una furiosa desazón me obliga
a creer que ya nada permanece.
Deseo que te vayas, estar solo,
salir a pasear con mis amigos
y serte infiel con ellos al contarles
los íntimos secretos
que celamos con gusto, en connivencia,
cuando todo era un mundo entre nosotros,
antes de estarse el mundo deshaciendo.

Creo tenerlo muy claro cuando marchas
y quedo solo, en el primer instante,
porque salto de gozo y la alegría
de esa primera libertad me vuelve
más vivo, con más ganas...
                              Me preparo
un traje, y la corbata y los pañuelos
me son una elección regocijada;
quieren decir que libre, que animoso,
saldré a la conquista de las calles;
a perderme entre sombras, entre brazos
furtivos, en portales
donde se pide fuego con los ojos.

Pero qué extraña sensación la angustia
de que todas las ansias de locura,
de libertad, de serte infiel, se agoten
tan pronto, y un vacío, una inquietud
de soledad me inunde y me convierta en
desamparado huésped de mí mismo.

¡Cómo entonces te busco en la difusa, oscura lejanía;
cómo sospecho las claves de todo
lo que nos pasa; cómo justifico
tus injustas celadas!
                          Sólo ansío
que de nuevo te lances a mis brazos;
pero dejo el teléfono en silencio,
porque es volver a comenzar lo mismo,
porque en llamarte cifro mi fracaso.

[Mueve el olor de tu piel tormentas en mi deseo]

Mueve el olor de tu piel tormentas en mi deseo
sin duda alguna, cuerpo de jazmín
que cada mañana surges, como de un fresco huerto,
a ofrecerme fragancia servicial.

Pero llegará un día deslumbrante.
Porque aún hay otras flores, cuyo nombre ignoro y busco.
Y tú, jazmín, mi jazmín desde hace tiempo,
desde mi casa —donde te adueñas— contemplarás
la sonrisa de bienvenida a lo nuevo.

Pero esa mañana aún no ha acontecido.
Porque acabamos de despertarnos juntos, estamos solos
y paso levemente un inconsciente dedo por tu piel.

[¿Qué nombre he de ponerle al sentimiento]

¿Qué nombre he de ponerle al sentimiento
que me obliga a alejarme de tu hombro
cálido, al que acostumbro a estar unido
en paz; me hace buscar las otras pieles
que pueden agotar mis inquietudes;
y, al fin, me restituye a tu presencia,
culpable insatisfecho, al igual que partí?

Tú le llamas perdón a tus caricias
entonces; y a mi acción, ingratitud,
con sonrisa benévola y cansada.
Mientras, yo, compungido, acongojado,
me meto en el abismo
de mi turbio interior
y únicamente confusión encuentro.

[Otro cuerpo en mi cama]

Otro cuerpo en mi cama,
producto del asedio y de las horas.
Y al fugarse el deseo,
sólo siento repudio a la pieza cobrada,
sobre el lecho tendida,
dejándose aplastar,
dejándose morder,
dejándose besar,
en silencio, distante.

No es fácil alcanzar la comprensión
de qué es lo que te ha hecho
dejarte poseer, si estaba claro
en tu rostro que no ansiabas mi cuerpo
ni había urgencia en tu piel.

En cuanto a mí, concluido
el momento de duda,
la conquista en la mano,
ni el tacto que alabé me satisface
ni la entrega indolente me seduce,
y tampoco comprendo
por qué continuar con la mecánica
del acto, hasta un final
sin grandes sensaciones.

Todo esto he conocido acostado a tu lado.
Y el saber con tu cuerpo
me devuelve virtuoso al cuerpo del amor,
de las caricias convencidas,
de los labios sedientos.

[¡No hay un solo momento que no estés anhelante!]

¡No hay un solo momento que no estés anhelante!

Para mi despertar, siempre alertas tus ojos.
Para mi amodorrado, suave rebullir,
siempre tu impertinente solicitud que busca
provocar mi deseo.

A veces te he ofrecido la grandeza de un miembro
dispuesto a más blancura en medio de las sábanas.
Pero ya no es posible. Sólo me creas zozobra.
Todo el día zozobra; hasta que entre papeles,
a la vista de un poema bien querido,
una ventana abierta a unos pinos callados,
un momento de dulce amor con la escritura
me permite poner en orden esta unión hecha pedazos,
para poder seguir más adelante.

[Procuré hacer un pacto]

Procuré hacer un pacto
contigo en el principio.
Tras haber satisfecho
el impulso violento de nuestros corazones,
aún entrelazados, soñadores de bellos
futuros en común,
procuré muchas veces detener tus avances,
sin precaución, por mi terreno virgen,
permitiéndole todo a tu bota conquistadora.
Ya me avisaba entonces tu terco deseo
por no dejar lugar sin poseer en mí
que había de convertirse un día no muy lejano
tu presencia perenne —Jano de mi locura—,
tu observación perenne de todo lo que hago,
en punto de conflicto para nuestra armonía.

Comprendiendo este punto, entonces procuraba
—sin dejar las caricias, aunque atemorizado
y alerta— entretener tus embates poderosos
con razones sin cuento para que me dejaras
vivir en el lejano extremo de mi soledad necesaria.
Te hablaba de los años que había estado solo,
de lo celoso que es un poeta de sí,
de tanto personaje que transita una mente
entregada a lecturas en infinitos hastíos;
todo por obligarte con corteses palabras
a detener tu impulso al borde de mi *sancta*

sanctorum, voluntario.
Pero no lo entendiste. Quizás por ignorancia.
Quizás porque tus ansias eran tan desbordantes
en tu primer amor para conmigo
que no pudiste calibrar el riesgo.
Quizás porque —sospecho algunas veces,
cuando no puedo ser ya comprensivo—
tus celos y tus egoísmos, junto
con tus incontrolados anhelos por ser lo único
en mi terreno virgen, te impulsaban.

Quizás no hablé muy claro, aunque lo dudo;
¡fueron tantos los goces que llevaron
a la misma conversación serena!
Quizás no fui lo duro que debiera;
¡por la delicadeza, pierdo tantas batallas!

Pero el caso, querida alma torpe,
es que el tiempo, que alborotaba el ansia,
que avivaba el deseo de encontrarte
como el soplo en el alma de una hoguera,
ahora es agua sin tregua en las cenizas.
Y los libros que concedí a tus ansias,
los amigos que puse ante tus ojos,
el mundo entero que me arrebataron
tus deseos de ser uno conmigo,
son lo que nos separa más ahora,
son el objeto de nuestras disputas;
tú te vas destruyendo en este territorio
ajeno, que no dominas y que aborreces;
yo procuro salvar, asustado y angustiado,
del manotazo ciego que das en tus revueltas
los restos de mí mismo.

[Se encienden poco a poco las luces de la noche]

Se encienden poco a poco las luces de la noche,
la negrura invade lentamente
mi cubil silencioso
y sin voces que trunquen mi suave pensar
te enciendes, tú también, en mi mente,
te elevas en un podio de nubes misteriosas
hasta alturas que nunca calculara,
que nunca pretendí,
pero mi corazón
—misterio desde siempre de mí mismo—
te enaltece y te adora.

Yo sé que, cuando vengas nuevamente,
se deshará el encanto de estas noches
de complacida ensoñación contigo,
de extrañas luminarias para amarte
y de absoluta entrega en la distancia.

Cuando tus actos rompen esa imagen
que para mí, de ti, solo, me creo;
cuando de nuevo estás, oliendo a carne
a mi lado, con insistencias nuevas,
provocaciones y solicitudes;
cuando me atrevo al fin con el teléfono
y te digo que vengas, que te aguardo;
se me hace imposible
creer que, con la placidez de un sagrado cariño,
te he sentado en el trono de los dioses
y has sido mi mejor lenitivo en soledad.

En soledad confusa
(y desamé a quien tuve)

Felices los amados y los amantes y los que
pueden prescindir del amor.

(Borges)

Cerca está de grosero el venturoso

(Villamediana)

Lo que uno narra, los otros lo han
experimentado ya en la misma forma.

(Rilke)

No es bueno que nuestros sentimientos se
nos vuelvan familiares.

(Drieu La Rochelle)

Oda epistolar

A L. C.

Te esperé bajo los inquietos eucaliptos,
bajo las mirtáceas de todas nuestras citas te esperé
y no viniste.

Sobre el valladar de la tarde, agazapada,
ansiaba la gatuna noche
asaltar mi espíritu melancólico.
La lenta, lamentosa melodía del recuerdo
—todo cercano aún— me envolvía:

Apenas retornaba de unas tierras
de dioses con sus templo demolidos y sin imágenes.

Más comprendido en la lejanía,
más nítido en la observancia ritual
del ansia por reencontrarte
y en la rememoración distante de tus formas—
el amor, suavemente triste,
aguardaba la noticia de tu voz.

Solo, bajo los eucaliptos, por ti y por la ruina
de una Grecia que ignoran sus habitantes de hoy,
lloré. Si bien llorar resulta inútil
y sólo en la comprensión
se salva de la angustia el espíritu.

Una vez enterrados los dioses
en el recuerdo de los hombres, raza dura,
no hay quien solucione este horror;
aunque destierron el país entero
y sangre toda la tierra, por sus heridas,
mármoles destrozados.

Al igual que en el amor,
si se rompe la sutil unión de las almas,
no importa que miles de eruditos, filósofos, soñadores
e historiadores quieran reanudar lo deshecho;
nada es posible ya.

¡Tantas cosas se rompen
para jamás poderse unir de nuevo!
¡Qué distintas del mar!

¿Verdad que no ha hecho mella el tiempo entre nosotros?
Aunque yo haya necesitado alejarme, con mi soledad,
hacia otros lugares, desde los que nos son hoy cotidianos.

¡A veces los asuntos de la mente
complican tanto los del corazón!
¡Y es todo tan extraño entre los hombres!
Así tú eres sin duda la fuente de mis versos
y, no obstante, aquí sentado estoy,
amándolos a solas,
a solas cotejando su balbuceo primero,
confeccionando, aún más que creando,
en género sosegado y de semitono,
quizás porque el ser amado es a veces el amigo,
pero el arte lo es en más ocasiones,
como enseña la palabra sagrada del loco Hölderlin.
Y con todo, por tu amor vivo y escribo ahora;
y, porque morirá un día —pues todo muere—, me lamento.
Y ni siquiera voy a pedir que coincida
tal día con aquél que nuestras almas
se vean libres del cuerpo; ni siquiera
se lo voy a pedir a aquellos dioses
olvidados en el corazón de los mortales,
inventariados en sus libros de historia;
porque ya no es el tiempo de las concesiones.

Solos y sin amparo,
en nuestro pequeño rincón de caricias y miradas,
esperemos permanecer
lo menos angustiados que podamos;
y quizás también un día lleguemos juntos,
bajo otros eucaliptos,
hasta las viejas calzadas de Atenas
y subiremos en eterno triunfo
las laderas del valle de Delfos.

[Ahora que te has ido y que no están]

Ahora que te has ido y que no están
tus ojos censurándome,
se muestran los momentos
con el encanto de lo sorprendente
y, con la expectación ilusionada
que precede a un regalo, se me ofrece la vida.

¡Cuánto matiz con cada color!
¡Qué mundo el de los almendros en febrero!
¡Qué verdad, que me toca antes de que las manos lleguen,
la olorosa verdad de las flores!

Con los labriegos hablo
mientras me ofrecen un vino peleón
de taberna perdida entre naranjos.
Nada me impide que en la barra de un bar
diga a quien se sienta al otro extremo
cualquier despropósito liberador de energía.

Pero también tu adiós
me devuelve a las noches sin rumbo del deseo.
A un rosario de copas que me alienten,
a un parloteo febril, a un coqueteo
impropio de mi edad y condición.
A ofuscarme la mente con la música
y el humo de los otros,
porque es mi soledad como un mar de carencias
en noches de vacío
donde mi inteligencia recoge entre sus redes los despojos
que las débiles estrellas desasisten
y me concede el alba rodeada de cansancio.

[Hubiera deseado dormir sobre tu pecho]

Hubiera deseado dormir sobre tu pecho,
sin ansias, inquietudes ni zozobras,
el dulce sueño diario de los problemas mínimos,
dejando transcurrir así la vida,
en la droga de lo casero, hasta
un final más o menos lejano, inevitable.

Hoy, sin esos pinchazos de la consciencia que
proyectaban mi mente a lejanías,
que tornaban insoportable lo culinario a tu lado,
es suave caricia en el recuerdo
aquel dormirse en
intimidad de dos, las confidencias
cuando la luz del cuarto se apagaba
y extendíamos las sábanas del gozo.

Pero ¿era amor aquello?
Durante nuestra unión, acongojado,
muchas veces me hice esa misma pregunta
y viene ahora de nuevo
a turbar el recuerdo edulcorado.

Quizás haya preguntas sin respuesta,
aunque con su inquietud y su zozobra
tengan poder de destrozar las vidas.

[Te agradecí (incauto e insolente)]

Te agradecí (incauto e insolente)
el regalo de aquellos tristes ojos cenicientos
que conquisté y bebí tras el primer enfado que tuvimos;
te agradecí haber podido amar
sus dulces y carnosos labios húmedos;
haber entretejido mis dedos en su pelo,
que estuvo entre mis manos como un don de tu ausencia;
y ahora sin embargo me amarga el poso áspero
de aquella risa y el desdén aquél
con que mostraba mi agradecimiento.

De aquellos días tristes
en que nos disgustamos; cuando pude
conocer, disfrutar su cuerpo adolescente,
¿qué me queda?, ¿el olor? ¿Mas no es el tuyo?
¿No confundo tu carne con su carne?
Sí; recuerdo tan sólo su cuerpo y sus caricias
por haberlos lanzado en cruel revancha
contra la angustia que me producías;
por haberte escupido su dulzura
con esa maliciosa indiferencia
con que se hiere a quien se quiso mucho.

Y ahora la soledad me dicta largas cartas
de justificaciones imposibles
que nunca llegarán a su destino,
porque una vez se rompe
esa sutir unión que nos mantiene,
no se sabe ni cómo,
entre olas de improperios y tormentas de enfados,
no hay nudos para el hilo del amor.

[Quizás pasando el tiempo]

Quizás pasando el tiempo,
cuando todo sea fácil de nuevo entre nosotros,
porque no le pidamos, obcecados,
a esa esencia que todo lo transforma
perennidad para nuestros amores;
cuando vuelva a ser fácil preguntarnos
por las dificultades
que quedan pergeñadas aquí, por las angustias
que exhalan estos versos,
quizás comprenderás, comprenderé
que es tan ilusión el desengaño
como ilusión fugaz es el amor.

[Todo este revuelo porque el amor no dura]

Todo este revuelo porque el amor no dura.

Hoy la melancolía —que trae esa nube extraña
sobre un cielo de tórrido verano
(¡misteriosos los cauces del poema!)—
me crea el tono triste, solamente lo justo,
para que el lento hilo del poema saliendo vaya
de no sé dónde en mi interior más mío.
Sí; el ritmo de este hacer, tan duro de encontrar,
señalado en su inicio
por rebullir gustoso en la conciencia,
me va haciendo decir —y en el decir comprendo—
lo esencial de esta historia de nuestros corazones admirados,
ahora que se acaba lo que se nos dio con gozo.
Y estamos asustados, no sólo porque huye
de entre las manos la pasión (y es triste
quedarse en lo anodino),
sino porque intuimos que se descorre el velo,
que muere el espejismo de algo aún más profundo de la vida:
el que todo se acabe,
que nada esté seguro en nuestras manos,
que acarician los frutos de la tierra
como presente eterno;
los adoran los ojos admirados
como presencia eterna;
los besan ávidos los labios

como delicia eterna;
pero un día el gusano misterioso
va matando la pulpa, y la corteza
cede al oscuro impulso de la arruga,
y un olor de tormenta
impregna todo el ser
que nuestra mano arroja con angustia.

Se ha muerto en ti y en mí
el rozagante amor de aquella tarde
llena de amagos míos por tenerte,
llena de fintas tuyas
por superar más que la timidez
una historia muy larga de rezos malcreídos.
Nos llegaban los ecos de la fiesta
hasta el pequeño asilo de naranjos
cuando acerqué mis labios a tu oreja.
Volvieron las eternas sensaciones
a hacer sus nidos nuevos.

Ahora todo ha pasado
y el miedo es metafísico.
Esto es una lección más que de amor de vida.
Un recelo ha nacido desde hoy en mis ojos
cuando miro adelante y se ofrece el futuro
con ilusiones nuevas; el recelo las tinta
de una verdad profunda aprendida a tu lado:
que no me pertenece nada de lo que miro.
Que sólo me conceden por un momento el mundo
y yo mismo no sé qué he de tornarme
cuando impere el aroma de la muerte.

Colofón (Eros y Tánatos)

I

Cuantas veces medito en los grandes amores
que relatan los libros, no encuentro sino un poso
de renuncia y cenizas de tristeza;
aunque, obstinadamente, también la vocación
de amar hasta anularse:
el puñal o el veneno,
la dejación gustosa de la gloria
del brazo capitán o la tribuna pública
por el pródigo y triste sentimiento,
son la única salida que vislumbro.

Por entregarse a torpe muerte, Aquiles
pudo seguir amando a Polixena;
pues muriendo pervive el amor que matamos.
Siguen vuelo de amor Paolo y Francesca
en el dantesco círculo infernal,
porque el hierro cerró curso al hastío.
Y Narciso celebra el beso amante
en el baño letal de su hermosura.
En todos fue el amor turbidez al cristal;
espejo en que se empaña, de forma inevitable,
el vivir.
   Otra opción
es mentir un amor hacia cualquiera
la fugaz perennidad de una vida.

II

Al volver a mí mismo, inútilmente
busco en el tedio de los días iguales
algo a que no llamar monotonía
cuando tengo un amante que perdura.
¿Cómo diré a ese cuerpo tan dulce y complaciente,
que acompaña mis noches, el dolor de estos versos?
Heme poeta y hombre. Con el primero cumplo
diciendo con fonemas resonantes
los imposibles del oscuro amor.
Mas sé que, al escribir, estoy sustituyendo
la acción inevitable con lamentos hermosos.
Y, al cumplir mi destino de hombre entre los hombres,
me será necesaria la entrega al sentimiento,
destrozarme en lo humano que hay en mí y que desea
pasiones absolutas,
renitente al rosario de cuerpos que habitaron
mi camastro en los años sucesivos:
frías carnes que a veces sólo mueven el oro o el regalo.

III

Concluido el poema
—o quizás renunciando, incluso, a hacerlo—,
si se quiere evitar, bien el cansancio,
bien el engaño de juzgar aún
veraz amor el contraído hábito
de sentir que se ama;
hay que coger el báculo y retirarse al monte
o hacer tráfico de armas en alguna Abisinia
o asumir el puñal o beberse el veneno.

Porque en el paladeo de la renuncia
se comienza a saber el vino del amor.

DEL TIEMPO DE
CON EL CUERPO DEL DESEO

(1986-1990)

Dos estatuas

«Mientras el sol calienta la mañana que avanza
y el viento suavemente se enhebra en las palmeras;
y en tanto que el fantasma de la humedad de siempre
nos sorprende en visible calina silenciosa;
me acerco nuevamente a contemplarte,
sentado y reflexivo,
en uno de los bancos de piedra del paseo.

»Desde un gastado coche, un bebé solicita
sonajeros sin juego en tus manos inmóviles.
Y me hace recordar...
Primero la torpeza fogosa de tus goces inconscientes,
y luego el embarazo y la estrategia
de las lágrimas. Y ese casamiento
que dice todo el mundo que te sienta muy bien,
que ya eres todo un hombre responsable.

»Pero esos ojos tuyos, enormes y acerados,
que contemplo en silencio (así lo quieres);
esa rizada cabellera negra
caracoleando sobre la amplia frente;
pudieron rodearse de vestidos costosos,
en hoteles de lujo, con vida placentera
llena de sensaciones;
tu belleza, que en cambio,
la quieren marchitar (y lo permites,

y casi lo consiguen)
en días siempre iguales.

»Ya que la única opción que me has dejado
es elegir entre dos soledades
—la seca de mi casa, la oscura del viaje—
elijo la de verte cada día,
sin hablarnos (como es tu voluntad).
Dos estatuas. (No hay vida en la renuncia).
Yo, que tengo el dinero;
y tú, la juventud.
Sin que el uno ni la otra nos sirvan para nada.»

Una vez más hablemos de lo mismo

La sinrazón ardiente de un deseo
(Brines)

I

Cuando sólo es nostalgia
y ya no lo compartes,
cuando lo has olvidado aunque un día fue tuyo,
cuando no lo has tenido todavía jamás—
el deseo te agrieta la vida una mañana, inesperado;
notas que se destroza
tu imagen de hombre cauto, distante, equilibrado;
y Afrodita renace
de tu cabeza de pequeño dios.
El mito inevitable se repite.
El mito del encanto y de la entrega.
El deshielo del alma, y la aniquilación.
Y el niño se sonríe.

II

La sombra del amor se agranda sobre ti
igual que un nosferatu inesperado,
y se instala el terror de su presencia
en tus ojos atónitos.
Contruyes con tu ensueño un enrejado
de oscuros desatinos,
de afilados temores.
Amar es finalmente un suplicio constante,
porque dudas que en esta primavera
tan sólo te ame a ti tu amor de ahora,
y no sabrías compartir sus besos;

y porque cuando al fin sientes el frío placer
de embridar su orgullosa cabellera
al extático arte de tu hechizo,
para entonces ya no deseas más
la servidumbre noble de su amor.

III

Nace en ti pronto el hombre veleidoso
que mira hacia otros lados
deseando lo que pasa y que aún no ha sido suyo.
Entonces reconoces (¿quizás lo has olvidado?)
que el amor no es amor sino mancilla.
Y que en el mismo instante que lo logras,
como flor misteriosa que se toca
y se queda sin pétalos,
desaparece, alza su vuelo de silencio, en disidencia.
Mientras, el niño ríe.

IV

Quizás durante un tiempo de zozobra, de duda,
de angustiosa dislocación
del crudo sentimiento y del fiel pensamiento,
nada digas a la persona dulce, cariñosa,
desnuda en tu regazo, extraña, desdeñada en el silencio.
Quizás nada te digas a ti mismo,
y vivas en supuesto amoroso coloquio.
Pero el juego está hecho,
las cartas han mostrado tu fracaso.
Retardes más o menos el envite, la jugada final,
nada puede arreglarse.
Quien domina, desdeña y desama. Y al fin pierde.
Y quien se deja doblegar, resulta
desdeñado igualmente y desamado. Y también al fin pierde.
Sí; al fin, la soledad. Un horizonte
con el niño risueño, licántropo sediento,
recorriendo y hollando
los mundos misteriosos del amor de este mundo.

ESTACIÓN MARÍTIMA

(1996)

Sentirse como lanzado a una orilla desconocida.

(Novalis)

Pórtico

Años de aprendizaje

¿Qué decir de estas tierras,
en las que vivió un día el caballero Perceval,
haciéndose tantas preguntas, y sin obtener respuesta alguna,
como nos sucede siempre a casi todos los humanos;

estas tierras, de las que partió San Brandán
para llegar al Paraíso en un ensueño:
un sueño que luego siempre lo atormentó,
pues no sabía si era visión o fiebre de su mente?

¿Qué decir de esta tierra
a la que, sin pensar, me condujo el Destino
y por la que deambulo, intentando descubrir,
yo, tan ajeno a lo rural,
qué quiere enseñarnos la Naturaleza en sus distintos acentos
de verde, o con el susurrar eterno de las hojas?

¡Pero cómo añoro la ciudad con sus noches,
los oscuros fantasmas que recrea Villena
en sus poemas de sermo urbano!

Cuando voy a Madrid, incito a los amigos
para que salgamos todas las noches

y al mismo Villena a que me cuente
con su voz de Crisóstomo
las sagas del asfalto.

En tanto, en esta tierra gris, de hombres sinuosos,
redescubro, en las tardes monótonas y repetidas,
de llovizna pertinaz,
los oscuros misterios de la música,
y con Leonhard comulgo
la imposibilidad de explicarnos a Bach,
el misterio de la gracia que le otorga
la suave mano de la musa.

Y temo muchas veces penetrar en el *Arte de la fuga*
o perderme en la inteligencia que derrocha
la *Ofrenda musical*;
disfrutando las variaciones Goldberg
y las complejas florituras que hizo
aquel genio alemán sobre los sencillos corales
de los domingos de mi infancia protestante.

También hasta esta tierra me ha llegado
la vecindad de la muerte de una amiga,
su embarazo y su cáncer,
vida y muerte luchando entrelazadas
en un seno común, ansioso por vivir.

Han sido tantas tardes y han sido tantas noches
de angustioso pensar su sufrimiento
en la distancia y en la lejanía cobarde,
provocando morboso caudal de pensamientos
y a veces unos versos, nunca lo suficientemente sentidos.

En tardes también de esta tierra
sé por primera vez a donde pertenezco.
¡Yo, que siempre me vi desarraigado!
¿Mas cómo no acabar creando una coartada para la soledad
a la que el Destino nos proyecta,
ya por condición sexual, ya por carácter,
y por miedo, y por egoísmo?

En estas tierras me he sabido del sur
y del azul del mar que surcaban los griegos.
He sabido que amo la primavera larga del azahar,
la primavera temprana de los almendros incautos,
que las traicioneras heladas de febrero
convierten en flores de porcelana,
para resquebrajarse de frío.

He sabido que amo tanto la juventud
que muestra sus carnes a la temprana lujuria
como amo el paseo para contemplarla y desearla:
como quien va al mercado, quizá en la vieja Corinto.

Y he conocido con claridad que no me siento de aquí;
yendo a buscar más sobre mí mismo.
Por eso leo constantemente y más que nunca
a los poetas del sur.
Aunque en las largas tardes del invierno
me enseña mucho de la vida el sabio conde ruso.

Y entre los barrotes escurridizos
de la blanda prisión de la lluvia,
busca mi mirada, ardiente como la de un orate,
entre los árboles, y en el romero, y en el tojo,
una respuesta de la Naturaleza

a todas las incógnitas de la vida;
porque ir a los orígenes puede ser un camino,
y porque sin duda estoy en esta nueva estación marítima
por algo. Y no cejo en mi seguridad, para no desesperar.

Yo que siempre desdeñé el Medievo,
ahora me siento un poco ese Brandán
que silencioso recorre las rías del norte
preguntando dónde están las joyas que trajo del Paraíso:
la única certeza de futuro en su peregrinaje por la vida.

Soy en parte un Perceval dubitativo,
que busco en el serio cabeceo de los sabios abedules
el misterio de mi ser.

Y escucho sin cesar óperas, para que viva en mí,
como rescoldo al menos, el amor: que está en letargo,
sólo literatura y música.
Y distraigo mi soledad con el viejo arte de la rima,
a veces haciendo décimas, de dudoso valor.

Y estoy aquí, más solo que he estado antes.
Si es que la soledad, cuando se muestra,
atiende a gradaciones y matices.

Geografía nueva

El hogar del peregrino

A Pedro Mateo, en el recuerdo

¿Por qué, ante estas piedras de los templos
de Grecia, afluye el llanto al rostro una vez más?
¿Por qué de entre estas ruinas aún se nutre
todo mi ser?

¿De dónde nacerá mi orgullo altivo?;
¿de dónde provendrá
que en tan nobles lugares siempre encuentre
mi corazón respuesta a sus conflictos—
él, que vive distinto entre los hombres?

Se ha esfumado el recuerdo,
si es que hubo alguna vez algo que recordar.
Como perfume al sol y al tiempo, se ha perdido.
Y no obstante una mancha en mi espíritu queda,
un suave tornasol en mi alma dormida:
esa seguridad (o quizá terquedad) de pertenencia
a otros tiempos sin nombre
cuando veo sus restos esparcidos,
como veo hoy los restos de los templos de Grecia.

¿Acaso habré olvidado
por esencial necesidad mi origen:
obligado equipaje de este nuevo camino por la vida?
Todo está en mi interior, al parecer,
como ya estaba Grecia antes de verme en Grecia.
Y sueño que, por tanto, en algún tiempo
por llegar, no sé si todavía muy lejano,
tras la última revuelta del camino,
nacerán nuevamente de mi entraña
el rosal y el geranio primigenios;
que alentará mi paso
un constante saludo de campos de amapolas,
de nuevo en el levante;
que volveré a mi tierra
dejando este brumoso atlántico feroz
del triste exilio.

Pero ¿no estoy aquí porque se anudan
los tiempos de las vidas de los hombres
por sutiles razones ignoradas?
¿No surgen las colmenas, en los huertos
del naranjo feraz,
porque son resonancias doradas y lejanas,
murmullo de los vientos
que aquí envuelven los faros de los cabos atlánticos?

En fin de cuentas, quién sea yo, no sé.
Emerjo en la maraña de causas y de efectos desbordante.
No sé si me hizo Grecia,
si otros mundos antiguos ya me dieron
el aliento que arrastro:
ese que ahora se encrespa y desordena

en ansiosa poesía,
buscando un conocer que nunca logro,
oculto entre las nieblas—
inevitables nieblas del horizonte humano.

¿Cómo darle sentido a este rosario
interminable de hechos ensartados
en un hilo de olvido?
¿Cómo alumbrar la frágil
ambición de saber lo que seamos
con la luz engañosa del recuerdo?
¿Cómo recuperar la plenitud
tras la acción destructora de la muerte?

Mientras creo este ensueño de lenguaje,
cruzo ansioso la vida,
observo entusiasmado
picarse el mar, bajar las gaviotas
chillando junto a mí,
y, sobre todo, aguardo temeroso,
sin saber qué se oculta detrás de tanto olvido.

Abandoné mi tierra hace tres años

I

Decidme si para el suicidio
hace falta tener vientitrés años
y hace falta alquilar una casa en Viena
donde quizás tocaron los dedos de Beethoven
las últimas sonatas
antes de que sus ojos se vidriaran con el último adiós.

¿O basta con el gesto de irse un día a París
y no volver a oír la música anhelada de tu lengua?
—aunque París te dé lo que en tu oscura tierra te negaron.
¿Basta para un suicidio
con compartir la vida
con una gris *grisette*
que ignora que en las tardes alemanas
escribiste poemas que Schubert pone en música?
(Aunque ella te ame,
el amor es un sueño de calores pequeños).

II

Las tardes de esta tierra del norte en la que habito,
por las que me paseo ahora solitario,
me hacen pensar en Heine, exiliado en París,
en sus ojos de insomnio escrutando Alemania, la lejana;
me hacen pensar en Weininger también,
joven genio suicida y judío sin patria,
procurando la muerte como cálido asilo.
Y pienso en tantos tipos de suicidio diferentes.
Y en que estoy ya tres años en estas tierras frías.
Y aún sigo sin saber
si será, esta permanencia mía
en esta pertinaz estación de las lluvias,
un suicidio también, largo, y sin ritos.

Aquí no hay primavera

Lamento haber dejado pasar un río ancho
entre mis dedos sin beber ni una gota.
(Seferis)

Yo pedía un amor, incautamente,
para vivirlo en estas tierras altas.

Cuando vienen las lluvias,
cuando anuncia el granizo
su ruidosa presencia en los cristales,
yo quería tener a mi lado un amor confortable y caliente.
Un suave amor con el que sonreirme
de la inclemencia física de afuera.

Como venía herido del levante,
porque donde el calor enciende las arterias
los amores florecen con mil complicaciones,
y es tan propicio todo en ese mundo
a que el ojo se prende
mirando hermosas pieles renovadas y morenas;
porque todas las calles son un zoco de encantos,
un bazar de locuras prometidas;
herido de esas tierras,
yo creía que el norte
calmaría mi espíritu,
curaría la angustia del pasado,
y todo en el amor sería muy distinto.
Un amor permanente, sosegado. Era lo que pensaba.

Pero el amor aquí se hace esperar.
Las gentes de este entorno
no miran con franqueza los rostros que los miran.
Y ¿cómo adivinar
que el amor los zahiere?

He llegado a pensar
que aquí se niega el juego de los cuerpos,
que la casa (su encierro, que yo tanto añoraba)
propicia los calores pequeños
del matrimonio temprano,
y anula pronto el ansia de la vida
apenas el adolescente siente la fuerza del deseo.
Siempre hay una joven desasistida, sola,
las manos extendidas a ese nuevo capullo que se abre
en el frío rosal de la locura;
y en sus manos ansiosas,
que lo cortan y lo hacen suyo, acaba
el sueño del amor.

Cuando en mi tierra crece la pasión,
cuando se esponja el huerto y los olores
invitan al paseo,
cuando el más pusilánime se nota
inclinado a mentir al cauto tálamo
si no quiere morir en la batalla
de los celos encrespados de su cónyuge,
porque la primavera promete siempre novedad
y el calor y el olor del azahar
obligan a querer vivir más que hasta ahora;
en cada primavera de allí,
la mano grácil de la fantasía
zarandea los cuerpos,

y los impele al juego de la carne,
y se ama la vida,
y se nace de nuevo cada año.
Se renueva el misterio,
el culto de la diosa perseguida,
y cada ciudadano comulga un nuevo amor,
sea en la mente tan sólo, o plenamente
en la fogata fresca
de carnes que, al tocarse,
van renaciendo de sus almas viejas.

Yo, aquí, ahora, recuerdo
esa revuelta de la sangre levantina
mientras anido en esta urna primaveral
que sólo tiene de primavera una fecha en el calendario.
Y pasan los años sin sentir,
sin sentir otra vez el sueño de la vida.

Poemas de homenaje

Dulce ría, corre suavemente, pues no
hablo alto ni largo.

El mar no es más que gotas unidas

A los poetas del sur

Si en el camino lento de los años
no damos unos pasos por amor,
si en esta orilla calma no sabemos
prender su fuego un día,
habremos transitado por el mundo
sin comprender el vuelo de los pájaros,
sin oír el saludo de los árboles,
sin entender la esencia de la vida.

Pero qué sea el amor, ¿acaso lo sabemos?
En tanto que se muestra adolescente,
se nos revela como un fogonazo,
una luz que ilumina nuestra vida
con tornasol de Paraíso. Pronto,
en cambio, lo solemos confundir
con un deseo insaciable de turgencias
que habita y tiraniza nuestro cuerpo,
con la inquietud oscura
por tocar humedades aún incógnitas,
que nos embotan, que nos enloquecen,
cuando llega una tarde la primera ocasión.

¡Qué fácil el amor se muestra entonces,
y qué pronto culmina y decepciona

ese anhelo, ese celo natural!

Y después pasa el tiempo.
Bajo las canas, bajo las arrugas,
lo rodeamos de un extraño halo,
para no darle el nombre
fatídico de frustración.
                    Decimos
que el amor, cuando vino, fue un misterio;
y, en cambio, el desear, fácil fisiología.

El hombre que desgrana
su vida en mil impulsos contrapuestos,
o el hombre que asesina
la original pasión
con el áureo puñal del egoísmo,
o el que se ata a una carne y a una sangre
para acunarse en el aburrimiento
que a la vez que lo sacia lo envenena,
siempre se justifica
con el misterio oscuro del amor.

Pero, aunque lo empleemos de coartada
para la intemperancia, para la cobardía,
en realidad todos lo concebimos
como tenue imposible,
como pura palabra
que, no obstante, hace mella en quien la empuña.

Y el amor que tocamos,
el amor de la historia cotidiana,
es tan sólo la concha
de alguna esencia huida
—hace mucho— hacia el mundo de los dioses;
es un caparazón abandonado
por un mar de deseos en la orilla
limosa del lenguaje
y convertido en obsesión del mundo.

Liev Nikoláievich Tolstói

Al conde de las tardes de invierno

> Sí; pero ¿qué entiende por amor verdadero?
> —dijo el señor de los ojos brillantes."
>
> (*La sonata a Kreutzer*)

I

Huir a una estación, quizás Astópovo,
tirarse o bien subir al tren: los gestos
que dan la libertad.
Detrás, por el camino, se han quedado
voces airadas —los mujiks que gritan
a unos ojos de incendio:
lo único vivo ya en su rostro adusto
e invernal, sólo plata y aridez.
También, junto a la lumbre,
en el hogar sencillo,
un daimón, con cuchara y delantal,
que grita y no perdona.
Lo llamaremos Sonia Andreievna.

Ha habido que poner silencio de por medio
durante muchos años.
Y al final, también verstas.
Y todo ello a pesar
del amor a los hombres
desgranado en sus hechos y palabras.

II

No es fácil el vivir, pero hay momentos
en que el agua que corre por la ría,
lenta y suave, las pequeñas barcas
de los mariscadores,
el viento entre las ramas de unos árboles
que empiezan a sentir la primavera,
la lectura tranquila y reposada
de *Guerra y paz*, de nuevo,
nos ofrecen feraz satisfacción.
¿Tan sencilla es la vida, aunque nos sea
tan difícil vivirla?

El cálido tocar de suave mano otorgando noble gracia

A Johann Sebastian Bach

Incluso en un rincón del mundo puede
el genio desplegar toda su fuerza.
Sin control de la mente,
entrando en el abismo de sí mismo,
va al fondo de ese pozo
que tiene por polea tan sólo el corazón.

El ámbito de Bach:
la capilla, los hijos, las pequeñas
intrigas palaciegas y el silencio
sobre todo. El silencio inestimable,
para mostrar en música
el misterio del arte universal.

Todo está en esta música: infinito
significar, correspondencias mudas,
lo divino anidando en la materia
por el tesón y por la comprensión,
y el cálido tocar de suave mano
impalpable, otorgando noble gracia.

Todo está en esas oberturas hechas
a la francesa, en esos largos coros
a cuatro y a seis voces.
Todo está en esas arias

de aliento singular, y en los corales
de Lutero y Melanchthon, o en las danzas
renacentistas del campesinado.

Todo está en relación, todo se busca,
todo encuentra su solución perfecta y armoniosa
en la pequeña habitación del músico
de la corte alemana.
Con aromas de populares aires
o en solemnes oficios reformados
da la armonía esencial de las esferas.

Y al sentir que una mente ha recogido
todos los modos del quehacer creador,
vamos entrando en un vahído oscuro,
se anulan las propuestas razonables
para entender la fuerza y el prodigio;
y así vamos dudando
cada vez más de la razón estrecha
como causa motor de la creación.
Y así vamos cayendo lentamente
en la angustia, al no encontrar un modo
de asumir la grandeza que miramos,
y simplemente optamos por decir:
he aquí el genio de Bach,
y, balbucientes, queríamos decir: he aquí el misterio
de la creación, de la esencia del mundo,
y he aquí el misterio de nosotros mismos.

Hombres solos frente al mar del norte

> Dulce ría, corre suavemente, hasta
> que acabe mi canto.

Los misterios de Patmos

A Francisco Javier Díez de Revenga

Hoy padece el señorío de la locura
el discípulo amado
y el apacible seno del Maestro
es la caliginosa isla maldita de la revelación.

Oscuras cataratas ascienden del abismo:
el sueño de los cuatro jinetes de la muerte,
y un piélago de sangre recorriendo la tierra—
la tierra, que despierta a su última mañana.

Ungido, enfebrecido por el sueño imponente,
se retuerce, poseso,
y sus huesos se hieren
contra el frío chinarro de la isla de Patmos.

Y ve en su sueño oscuro una mujer impura
con una copa de oro: su nombre es Babilonia;
cuatro vientos de muerte,
siete sellos, siete ángeles y siete torbellinos;
y también una larga multitud de ancianos
que reposa y espera, como un mar de plata,
cerca de una ciudad engastada en diamantes.

Juan sueña y se revuelve
en esa hiriente cama de pedregal y esparto,

solo, ante el más oscuro volcán del conocer.
Mas ¿qué es lo que conoce?
Un jinete que baja sobre un albo caballo
con ojos como llamas;
que la tierra y el cielo se alejan de su vista
cual telón de teatro que se incendia;
que entra por una puerta de esmeralda labrada
a cenar en las bodas de su muerto Señor.

Despertando por fin del sueño poderoso,
su rostro entresudado se alza de la calígine.
Ve sus piernas heridas. Nota el cuerpo sin fuerzas.
No sabe cuánto tiempo vagaron por su mente los horribles fantasmas,
cuántas noches pasó prendido en ese caos sufriente, cuántas veces
se le encendió el oriente al mundo sin poder
deshacerse del íncubo furioso.
Sus ojos se revuelven al centro enfebrecido.
Es nítido el recuerdo de todo lo soñado:
como un clavo de fuego lo siente que se prende
en mitad del cerebro.
Y comprendiendo entonces su destino profético
huye a todas las tierras para anunciar su nueva.

Dicen —no sé si es cierto— que, en su larga vejez,
el discípulo amado tuvo aún tiempo
de visitar las landas oscuras de Germania.
Y dicen que, en inciertos días grises,
junto al embravecido mar del norte,
se angustiaba su rostro recordando el pasado,
preguntaba a las nubes de espuma de sus costas: ¿soñar es conocer?,
buscaba un nuevo sueño que lo tranquilizara (el sueño de la muerte),
otra revelación que completara
los misterios de Patmos.
Pues era dura carga, en demasía,
ser voz de la verdad, haber paseado
los encendidos cráteres del saber más profundo,
tener los pies quemados un día en sus caminos,
sin llegar a entender jamás qué muestran
los símbolos incendiarios del sueño revelador.

Navigatio (El sueño de San Brandán)

I

Las nubes de la tarde van abriéndose
a la luz cenital, que cubre de oro
las aguas de la ría.
                              Mi alma inquieta,
como otras tantas tardes, tantas albas,
tantas noches insomnes,
quiere saber. ¿Lo logrará algún día, Señor?

Los árboles se mecen en la orilla.
Parecen responder
con un acompasado sí sí de duda seria.
Como viejos corteses
que han dado con las claves que a los hombres nos faltan,
mueven lentos sus copas
de un lado para el otro.
Pero ¿cómo entenderlos?
No comprendo su idioma tan cruelmente sencillo.

Entre escamas de luz, cruza mi barca,
alegre, por encima del sosegado abismo,
lentamente bogando.
                              ¿Qué sabré?
¿Qué es posible saber, Señor, Dios mío?
Nos envuelve un silencio majestuoso, antiguo,
cuando se hacen preguntas.

En el alma tan sólo, suena el eco
de un destino feliz.
Y en lo alto, ese ojo cegador
de blanca potencia.

II

«Poned rumbo hacia oriente»,
decidí comandar un día oscuro,
sin saber muy bien lo que me impulsaba
a tan nuevo camino.
Una oscura calina nos cercó por doquier.
«¡Daos más prisa —insistía mi boca oracular—
poned la vela al viento!»
Tres días de veloz navegación
fueron al fin, y al cuarto avistamos
una muralla alta hasta los cielos,
engastada en topacios, crisoprasa y berilo.

Cruzamos la gran puerta flanqueada por dragones,
que guardaba la espada que gira en el vacío
(hierro, piedra o diamante no escapan a su acero).
Se aproximó un doncel de radiante belleza,
me dio la bienvenida y me condujo
por un mundo sin cardos ni zarzales,
donde reina un suave verano permanente;
y, al fin, puso en mis manos, como ofrenda,
unas piedras preciosas.

III

Han pasado los años.
Mi ansioso corazón aún sigue departiendo

consigo por el ancho, plateado mar del mundo.
Hacia una tempestad inesperada
va, hacia alguna corriente oscura submarina
o hacia esa inavistada roca firme
que al fin lo abatirá.

Y a veces, recordando aquel viaje
misterioso, me miro el cuenco de mis manos
vacías, y pregunto por el viento
que un día me llevó hasta aquel doncel
de radiante belleza.
Y al mar creo escucharle —pero no estoy seguro—
un armonioso acento de respuesta
que fructifica en juego de sus olas.

Leopold Bloom divisa gaviotas a mediodía

> *Mirando hacia abajo vio gaviotas*
> *aleteando fuertemente.*
>
> (Joyce)

«Vecinas oportunas
que la bruma del día trae a este acantilado;
plateadas mensajeras
de negros pensamientos;
mientras miráis extáticas,
sugeridoras, a este mar que se abre a incógnitas solemnes,
proponéis solucion al tedio que me habita—
sois, con vuestra actitud,
la tentadora invitación al vuelo,
y el norte de mi día sin sentido.

»Tras un hambre, saciada, de riñón de ternera;
tras la visión flotante del padre de millares
en medio de los rizos oscuros de mi pubis;
tras haber comprendido, hacia las once,
allá en el cementerio,
que si llegara a viejo amojamado
costaría a la tierra mucho más deshacerme;
después de bautizarme de anuncios y después
de cumplir con mis ansias de creador
allá en *El hombre libre*;
sabiendo que mi Molly me aguarda en la caverna,
para cantarme a Mozart (*Là ci darem la mano*),

¿por qué no he de iniciar el vuelo con vosotras?,
¿qué me ata aún a la tierra?».

Y pensó Leopold Bloom que, de tirarse,
habría de tragar toda el agua del mundo,
el riñón encharcado con algas en sus tripas,
jarabe de albañal.

Arrojó una pelota de papel
en mitad de la cohorte de hijas de Thanatos,
que rebulló y gritó, y siguió su camino,
pensando mal de todos los poetas
(«escriben con graznidos similares»),
porque en el fondo odiaba
el gesto decadente, el gesto lírico
de no haberse prestado a una muerte tan sucia,
el gesto que acababa de salvarlo
para vivir un día más el tedio.

Final

El ingeniero Álvaro de Campos encuentra el amor en una estación de tren

> *Só humanitariamente é que se pode viver.*
> *Só amando os homens.*
> *Só assim, ó noite, e eu nunca poderei ser assim!*
> (Álvaro de Campos)

J.

¿Dónde estabas cuando en las noches del pesado invierno,
tras los cristales del Café Martinho,
caía una permanente desilusión húmeda?

¿No me viste jamás, de amanecida, junto al río de Lisboa,
mirando, sin saber si ver en su fluir la vida
o el desangre del sentido de ser?

Muchos fueron los años de soledad sin suerte.
Pasaron muchos trenes. ¿Para Liverpool? ¿Para Londres? No tiene ya
/ importancia,
porque ahora estás aquí,
para hacerme fraterno, para hacerme solícito.

Apareciste ahí, en mi estación de antes, en mi estación de vuelta,
a la hora oportuna.
Cuando no te buscaba apareciste. Y ese es el misterio.
El eterno misterio, para mí, de la vida.
Apareciste ahí, en la estación. Donde uno no se queda.

Donde va y viene el mundo
constantemente. Ahí te he encontrado.
Como concha batida por el crudo oleaje de los días,
una concha arrastrada hasta ese andén:
uno más en principio, y después puerto.

Día, hora, sol, mirada,
todo se entrecruzó, se hizo cenit
de nuestras vidas (nuestras finalmente);
y aquí estamos los dos ante la maravilla,
sin saber qué decir,
sin saber si entregarnos a vivirla.

Nada me inquieta ya el misterio obsesivo de los trenes que parten.
¿A Liverpool? ¿A Londres? No tiene importancia.
Lo que a mí me aguardaba se ha revelado al fin. Ha sucedido
al cogernos las manos en las playas luminosas de Cascais.

Y ahora amo tanto cruzar los largos puentes,
oír las gaviotas gritar,
porque voy, porque cruzo, porque escucho contigo.

Llueve. Aún llueve en esta primavera.
Como en todo el otoño, como en el largo invierno desolado.
Pero esta nueva lluvia que escucho es tan distinta:
una lluvia tan cálida, una lluvia de incendio.
El llanto irrefrenable de los dioses,
que nos ven al fin juntos, que no sé bien si lloran
de alegría o de envidia.

Y aún escucho los trenes, inquieto, silbar lejos,
trenes para Liverpool, para Londres, no tiene importancia,
porque ahora esa inquietud, que es alegría, y desazón,
ya empiezo a saber cómo llamarla.

Porque ya fructifica algo nuevo en el cuerpo y más adentro.
Un nuevo día para la alabanza.
¡Ojalá que sepamos cultivar en el alba de esta gracia
un jardín de delicias que nos nutra el espíritu tan falto!

DEL TIEMPO DE
ESTACIÓN MARÍTIMA

(1990-1996)

Aquí te amo

A J., en el recuerdo de Mercedes y en el mío propio.

No sé si te gustaba la poesía
o si era un encuentro fortuito con su mundo
saberte de memoria
que se fatiga inútilmente hambrienta
la vida, en el poema dieciocho de Neruda,
de los veinte poemas de amor y la canción desesperada.

La verdad es que entonces esos versos
ayudaban muy bien a tus anhelos
de revolucionaria en todo,
aunque tu hermoso rostro era ya
una tierra prometida encontrada y perdida.

Incendiaste el armario de tu casa, fue el comienzo.
Con esa gran fogata
contra todos los candados,
contra todos los modos impuestos del vestir,
ascendiste al Olimpo misterioso de los locos
para olvidar el mundo, allí
donde no toca el grito
del último niño que ha muerto en Sarajevo.

Muchas mañanas antes, hace ya tantos años
(¿nos hemos vaciado? ¿quiénes somos ahora?)
subiendo a la Fuensanta, el monte que da sombra a tu ciudad,
me dijiste el poema dieciocho de Neruda
mientras que una gaviota de plata (yo no creo
en la casualidad) se descolgaba entonces

de un cielo tan azul como tu amplia sonrisa.
Ya eras del Movimiento Comunista.
¡Qué extremismo más sensual y alegre el tuyo!

No lo entendieron en tu casa de silencios pautados.
Nada entendieron en tu casa de ti.
No había sido un éxito el matrimonio temprano,
el piso comunitario:
aún quedan octavillas de entonces por los suelos,
amarillearon ya antes de que estallara la vieja Unión Soviética.

Allí sola en la clínica donde a veces te visito,
allí, donde andan días iguales persiguiéndose,
nada sabes del presente,
del neonazismo, de los cabezas rapadas,
del silencio diluido de las libertades,
del eco distante de Nicaragua,
del cetro poderoso de Juan Pablo II,
de una Polonia asombrada por su error insolidario,
del fantasma del muro, que estaba en todos los corazones
y aún está, sin piedras ya que derribar.

Pero no voy a decir que es mejor para ti
ignorarlo todo.
Si estuvieras en este nuestro puerto,
aquí nos amarías.
Nos estarías amando, aun entre estas frías cosas.
Los días que amanecemos y hasta el alma está húmeda,
nos estarías amando. Como en ese poema dieciocho
que sigo recitándote las tardes de visita.
Ese eterno poema.
Un ritual para doblar el tiempo
como un paño, e intentar volver a ser los que un día fuimos,
con la fuerza de entonces, con el cielo de entonces, con los años de
                                                          /entonces,
tan sólo en el recuerdo.

El hombre que pervive en las preguntas

I

El primer día del mundo
¿ya miraban los hombres expectantes al cielo,
temiendo la venganza de la centella joven? ¿Y ya les propinaba,
en ese primer día, su persistente azote la lluvia sin maldad;
y se desalentaban
ante su injusta mansedumbre hiriente?

¿Ya en ese primer día, el hombre, inquieto,
se abismó en la oquedad de sus manos vacías, símbolo de sí mismo,
y miró a todos lados,
y se encontró la sombra,
y no entendió el silencio,
lo apuñaló la soledad entonces, en ese primer día,
y ya pensó la nada,
y supo que al alzarse con el mundo
cimentaba su propia muerte?

II

Parece ser que Dios hizo el mundo perfecto,
perfecto, sin preguntas;
pero también parece que el hombre fue incapaz
de vivir en la confusión perfecta de ese mundo que Dios le regalaba
e inventó el preguntarse,
en ese mismo primer día del mundo.

Creyó que era la puerta para entrar en la vida plena,
la que aún ignora y siempre añora el hombre,
junco pensante tras siglos de vientos,
irrisión, paradoja de ese bruto animal de cuya sombra
huyó para saber la perpetua inquietud,
y morir cada día bajo el golpe sangriento de la espada
de una pasión inútil,
de un fracaso perpetuo
por una plenitud inalcanzable.

III

Contra la frustración, o como su testigo,
escribe desde entonces sus preguntas
en todas las maneras de escritura;
escritura que pide cambios, pide
que el cielo sea propicio,
que brille el sol triunfante
y que se nos ofrezca la belleza
cuando todavía es tiempo.

Porque así al menos logra con la imaginación por un instante lo
/ que es su deseo.
Pero incluso en el triunfo de la idea,
son nuestros inquilinos
la angustia, la negrura de la inquietud alerta.
Y en la noche creadora,
dejándonos llevar por el impulso ciego,
de luz y de tinieblas,
construimos con palabras
al hombre que pervive en las preguntas
que Dios quiso evitarle.

LA ISLA

(2002)

Empiezo por divisar una forma, una suerte de isla remota, que será después un relato o una poesía.

(Borges)

*Mas él ama una isla, la repasa
cada noche al dormir, y en ella sueña.*

(Brines)

yo prefiero deternerme en la isla de la poesía, entre setos de laureles.

(Leonora d'Este en *Torquato Tasso* de Goethe)

La isla o los versos del mundo

¿Sentiste, tras los versos de un poeta, que
eras tú, tú en persona, el primer hombre,
el descubridor de la vida, el descubridor
del mundo?

(Papini)

No, no muere nunca nada
de lo que conocemos.
Sólo se extingue el gélido reposo.

(Shelley)

I

Dicen viejas historias —como indelebles dedos que señalan
a un Destino ignorado—
que existe una antesala para entrar a este mundo;
una antesala, ni siquiera fría como la muerte; una antesala
como son esas épocas del año en que las hojas aún no han verdecido
pero ya no hay escarchas.
Ni mañanas heladas ni mañanas de sol en ese espacio inerte y en

/espera.

Un mundo antes del mundo para el hombre,
sin ninguna estación del regocijo o la melancolía.

Al espíritu humano, anidado en la sombra,
no le gusta la espera inhabitable, la angustia contenida,
aquel no ser de escalofrío, helado,

la blanca voluntad precipitada en recipiente inocuo.
Y desde el descontento del vivir sin vivir,
llama con una mano sin forma
a una puerta sin dimensión
para abrirse a la temporalidad de la vida.
Entonces se proyecta, desde su estado previo,
al incendio del ser, al centro del sentido,
al ansioso habitar bajo la enorme bóveda celeste
de estrellados ensueños;
y se inicia la ronda de la vida.
Bajan uno tras otro, los hombres, a habitar en este mundo.

*

Un profesor romano, llamado Fadigati,
acaba de mirar por vez primera
la deslumbrante juventud del mundo.
Con su aterrado gesto de amor por lo que ve,
decide la ebriedad de su existencia.
Ha caído en la trampa de la vida.

Con sombrero marrón, calada el ala ancha,
baja otro noble rostro decidido:
baja hasta el norte de África,
para olvidar las lenguas que fraguaron
su infeliz juventud,
y volver convertido, así, en André Gide:
castillo personal en el París de siempre,
cuyas murmuraciones ni le importan
ni le afectarán ya.

No tiene nombre y puede ser cualquiera
ese otro personaje que el tiempo y el espacio
hacen nacer en medio de una lucha

de etnias enfrentadas por viejas religiones.
Será un soldado más de cualquier tiempo,
que –demasiado humano–
no llega a comprender el sinsentido
de la palabra *honor*.

*

Caen las almas al mundo, una tras otra,
sobre el roto escalón de lo imprevisto.
Soportan chaparrones —porque han querido hacerse con la vida,
                                                    /entenderla—,
llevan con gusto a cabo la batalla diaria,
se someten al cambio constante de la suerte y de los otros.
Nuevas almas gozosas, obsesionadas o desencantadas,
que vienen a nacer y a crecer fuertes
en la continua ronda del vivir.

Mapplethorpe es fotógrafo
porque todo lo invita al homenaje:
le gustan las rotundas cabezas de los negros
afeitadas al cero,
la tierna contundencia de una mirada niña,
un melón con cuchillo,
las manos de un artista, las hojas de una orquídea,
y el activo silencio del deseo
buscando en las braguetas o en las bragas
el corazón sin límites del mundo.

Hart Crane muestra su fortaleza humana
—el reactivo afirmarse entre muertes pequeñas: la calumnia, el
                                                    /desprecio—
cuando vuelve la espalda a la penuria
del mundo en que creció y que lo persigue,
para encontrar su tregua en la Isla salvaje de los Pinos,

el Caribe encendido que todo lo comprende.

El propio Dostoievski —igual que el conde Mischkin, su otro yo—
puede alzarse a la cima de sus límites;
trascender las fronteras del mapa primigenio de la vida y su escollo.
Mirar al *otro lado*, sorprendido.
Por esa fulgurante, momentánea consciencia,
se entrega a espumarajos y a babeos,
al compulso desplome de la carne. Y no le importa.

Brahms, el músico, llega tarde a todo
—al amor, a la fama y también a las grandes estructuras sinfónicas—,
mas sabe equivocarse lo exacto, justamente
para poner en hora el reloj de sus últimos días, y al final ser feliz.

II

¿Por qué reconocemos algunos de estos nombres,
entre la gran caterva de vidas ignoradas?
¿Por qué aún vemos sus rostros, por qué oímos sus obras,
cuando el resto del mundo se difumina en nada?
Fueron por breve tiempo, como todos nosotros, visitantes del mundo;
pero ellos proyectaron la sombra de sus actos
en la isla del arte y de las letras.
Un lugar de preguntas
donde se recluyeron, apartados del tráfago del mundo,
para medir el tiempo con clepsidra de océanos infinitos.
Un roquedal pelado
donde se refugiaron para la reflexión.
Isla de apartamiento, con raíz de relámpago y galerna,
bordeada de cipreses espesos: doble mar
que se levanta al cielo, y que todo lo envuelve y lo hace uno,
confundiendo las sombras con la carne.
Un extraño lugar que surge en nuestros sueños;

se enreda en los pinceles y en las manos febriles del artista;
y que muchos cansados de la vida
buscamos, y encontramos
solamente en el verso, la música o el lienzo,
¡tan más allá del ser y sus abismos!
Si su perfil rocoso se vislumbra
en el fundacional instante creativo,
se proyecta también su sombra de tomillo
y de ciprés al borde del vivir
de tantos fugitivos a quienes les resulta
—si bien inútilmente— imprescindible
encontrar la respuesta
a todas las preguntas oscuras y vacías
que formulan las ansias, los deseos del espíritu inquieto.
El óbolo para que el fiel barquero
nos conduzca a su costa
es la perplejidad.

                          *

Tú, quien quiera que seas que me oyes,
puedes hoy visitar la isla de la mano de todos los creadores que te
                                    /han antecedido.
Puchkin, Chaikovski, Rilke,
Beethoven, Shakespeare, Donne, o cualquier otro nombre que te
                                    /sea cercano,
no sólo la habitaron, construyeron también el sitio del misterio,
la verdad de su asilo,
donde oír con sordina el duro mundo
envuelto en celofán de ritmos, de sonidos, de colores;
donde poder sentir la vida con total intensidad
y también con total impunidad, por un momento.
Puedes beneficiarte —advenedizo— de sus voces de encanto.
Tanto como ellos son, tú puedes igualmente ser un hombre de la isla.

Pues ¿qué diferencia hay, en realidad, entre el que crea las artes y
/el que vive en el arte;
si todos, en esencia, somos el mismo hombre:
gozadores del mundo, gozadores del arte y carne de la muerte?

III

Anodino o glorioso, el hombre es siempre el hombre.
Tiene las mismas ansias,
tiene los mismos ojos ambiciosos,
una sangre tan roja que puede derramarse por un amor cualquiera
/o por un pueblo.
Ignorado o famoso, se angustia por lo mismo,
pregunta por lo mismo,
conoce el mismo amor,
el mismo desengaño, y la misma inconstante, dura felicidad.
Descubre el desencanto y le teme a la muerte.
Todos, pues, en resumen, hacemos un camino.
Y en mitad del camino también necesitamos un punto de inflexión
ante tantas preguntas sin respuesta.
Deseamos hacer un alto en esa isla del arte y de las letras;
en el firme peñasco que inaugura
la mirada hacia atrás, hacia los otros, en mitad del viaje cavafiano.
Siempre ha buscado el hombre en la literatura
—en el cuento ancestral, en el libro sagrado, en la nueva poesía—
un lugar reflexivo para su desamparo.
Allí gusta poner —en momentánea calma—
algún nombre a los vientos que lo azotan
—por conjurar peligros innombrables—;
allí gusta poner palabra al desaliento;
razón a la venganza del rayo destructor
y a la injusticia de la hiriente lluvia.
E inventar otros mundos y atarear la inquieta fantasía;

y encontrar salvación, en la nostalgia,
para este bajo mundo.
Así con la onomástica, así con los conjuros, preguntando porqués
/inextricables
e inventando soberbias maravillas
se hizo poeta el hombre.
Y así siguen haciéndose, los que leen, los que escriben,
los que ponen la mano solidaria en la rugosa piel de la palabra;
afrontando el silencio de todas las respuestas,
apuñalados por su soledad,
y haciéndose habitantes de esta isla del verbo.

Es un mundo especial dentro de nuestro mundo.
Lo transitan humores, lo sostienen sonidos
y lo equilibran fuerzas misteriosas:
La que salvó a Simónides del seísmo en Tesalia, por ejemplo.
Los dioses lo aguardaban en la puerta, sus guías lo avisaron
unos momentos antes de que el viejo palacio y su soberbia se
/derrumbara todo.

Es un lugar de voces acordadas
para testimoniar lo mejor de los hombres,
y también sus angustias y sus largos deseos como barcos sin faro.
En los labios de miel de sus palabras
han encontrado el beso de la dicha Teognis y otros muchos hoy
/sin nombre.
Por recorrerla un día, supo Empédocles
que la sangre y el aire circulan alternándose en las venas;
supo que un día somos leones y otro somos
verde laurel entre los altos árboles,
y joven, y muchacha, y pájaro, y también
el silencio del agua:
el misterio de las transformaciones de las almas,

un misterio que secundó Platón, y Telesio y Giordano
Bruno y Matthew Arnold
y el insigne Hölderlin.
Por ellos, y con voces que no nombran,
se transmite el *saber* más verdadero.

Hubo otros que creían que en sus costas
se podía encontrar buena fusilería para revoluciones;
y hubo quien vio la isla tan sólo como un lugar de juego
para entretenimiento con que pasar las horas
que enhebran este caos y esta incomprensión que es la vida que
/elegimos.

IV

Como hijo de esta larga tradición,
lector, te pongo un libro de nuevo entre las manos.
Te propongo con él visitar esa isla, por la gracia
de prestarte mi voz,
que no me pertenece: es un legado.
Pero eso ya lo sabes.
El libro no lo hace quien lo escribe, lo hace quien lo lee.
Yo tan sólo soy dueño del gesto que te invita.

Hermano peregrino que vas por el camino;
internauta, detente.
Ven, medita conmigo en este lugar quieto
las tristezas del mundo.
Quizás esta meditación antigua
te lleve a abrir los ojos ante el mundo de nuevo,
y de un modo nuevo,
y a gozarlo de un modo distinto,
y a que todo esté en paz, el corazón y el cielo.
Ya sé, ya sé que vuelves de todo un día agobiante de ordenador,
ya sé bien que los ojos te arden de menús:

archivar, editar, insertar, herramientas.
No quieres más lecturas.
Desecha el papeleo que te encuentras.
No atiendas mi demanda,
si con eso descargas la angustia que te crea este mundo tan falso
que te sigue y persigue con mil solicitudes comerciales
hasta la intimidad del buzón de tu casa.
Pero te advierto que en la nueva página
del libro que te ofrezco hay un fresco remanso.

Comprendo tu sonrisa.
Piensas que es de otro tiempo la hoja impresa, y el libro.
Que haremos arqueología. Y no te gusta.
De otro tiempo es sin duda la palabra del hombre y el misterio del
/mundo.
De otro tiempo y de ahora.
Si alguna novedad se encuentra en mi reducto
soñado a compartir, su novedad radica
en ser todo tan nuevo porque es
inevitablemente lo de siempre.

Ven conmigo, aunque sea solamente
porque es mejor lanzarse a las alturas
que morir de inacción, inmóvil el espíritu,
en esa paramera de la sonrisa estúpida
y la mueca vacía de una sabiduría de reptil, sin vuelo.
Ven, ven a conocer la muerte cuando es el precio por gozar
los cuerpos más hermosos sin cautela.
Hoy, de nuevo, Calímaco te lo quiere contar,
mientras que Gil de Biedma —que también supo tanto
de la unión implacable del gozo y de la muerte—,
rodeado de perros en la foto, medita en la impostura de la vida
y muestra su vocación por ser feliz.

Ven, ven a comprender las miserias del hombre.
¡Por eso es que nos gusta, pese a todo, tanto Eliot!
Ven, ven a conocer lo que ansías, sin decidirte nunca,
que la vulgaridad es siempre el ingrediente
con porcentaje máximo en tu bebida diaria.
Y hablemos de Diana —nueva musa para otro fin de siglo—,
y del atrevimiento y la belleza,
y de la aristocrática renuncia. Ese cóctel mortífero
que todos anhelamos y envidiamos.
Hablemos de otras vidas y otros gozos, y hablemos de otras muertes,
la venturosa, humana santidad que nos aterra.

Que sea bienvenida la poesía
o como se te antoje llamar a este escape que los hombres
fueron capaces de encontrar hace ahora ya unos cuantos milenios,
quizás cuando aprendieron a contemplarse en este tobogán
sin control, rotas las palas del freno,
queriendo desertar y sin poder
de esa misma angustia a la que siempre inevitablemente, ¡oh Dios!,
                                                            /retornan.

Ven, canta lo atrevido y lo distinto.
Ven, busca lo que está en los extralímites.
Aprende a amar el riesgo que te da plenitud.
Ven al que es un refugio ante lo obtuso,
y contra ese dejarse hundir en un día a día de insipidez gregaria.
Busca las otras costas de este mundo.
Alimenta este continuo anhelo
que te otorgó al nacer Naturaleza
y que te obliga a veces a comunicar con locos, solitarios y dioses.
Si estás dispuesto, ven a refugiarte,
ven a reconocerte
en los versos del mundo.

Habitantes, 1

Las palabras son los ojos vivos del misterio
(Chlebnikov)

¿Aún no estás fatigada
de recorrer las sempiternas rutas?
¿Aún no sientes hastío, no te cansas
de ver estas llanuras?

(Leopardi)

Qui pourrais-je imiter pour être original? me decía yo.
(Rubén Darío)

Las ideas de los hombres se repiten: a veces al cabo
de cincuenta años, a veces de cien. Es bueno cuando
se repiten sabiendo que el camino ya se ha recorrido
en parte, que ya se ha hecho una vuelta de la espiral.
(Sklovski)

La obra que perdura [...] es un espejo que declara los
rasgos del lector y también un mapa del mundo.
(Borges)

Yo no pretendo con mis versos
abrazarlo todo, no, ni aunque tuviera
cien lenguas ni cien bocas
ni una voz de bronce.

(Virgilio)

Todavía hay mucho por cantar.

(Hölderlin)

André Gide decide su viaje a África

«Por culpa de los estériles silencios del espíritu
(que tanto nos agobian),
por culpa del zarpazo inesperado de una pasión
(que viene a aniquilarnos),
y también por ese obstinado ir siempre
a buscarnos fuera de nosotros mismos –
suelen surgir a veces en los hombres incontroladas ansias por viajar.

»Antes de que los años reclamen la pereza,
podemos aún lanzarnos al vacío fecundo
de entrar a otra ciudad sin conocer a nadie;
cruzar desorientados de norte a sur sus calles, esperanzados,
renunciando a la impregnación de intimidad gozosa
en nuestro reducto conocido, en nuestra ciudad de siempre,
para oler el zotal insalubre de callejones ciegos.
Podemos decidir de repente cambiar la mano cálida, afectuosa,
                                                    /cotidiana,
infecunda, insoportable,
por las gentes de paso, cuyas miradas líquidas lavan los monumentos
                                          /viejos que visitamos
y en las que deseamos encontrar la salvación humana,
el gozo prendido,
la mentida felicidad imposible hasta el momento.

»No sé dónde he leído que en el viajar tan sólo el necio encuentra
                                          /el paraíso.

Pero también es cierto que el paria, algunas veces, en lugares lejanos,
consigue desliar el hilo misterioso de su oscura desgracia;
en otras latitudes,
se encuentra con la flor que consuela su pecho
y puede finalmente identificar el bien con lo placentero,
la sonrisa de Dios con la inquietud del corazón.

»¿Quién no se ha sentido más de una vez excluido e infamado,
para querer salir, rodear el mundo y encontrarse
al final consigo mismo?
¡Todos caminos, búsquedas sin tino
por ser más, plenamente! ¡Y el misterio anidando
en la contradictoria y múltiple solución
para entendernos los humanos siempre!

»¿Qué podemos lograr de lo que nos conviene
y en dónde nos aguarda nuestra verdad más íntima?
No lo sé; sin embargo,
una vez en la vida por lo menos,
nos tienta tanto el viaje que hemos de iniciarlo.
Puede ser el comienzo de nuestra destrucción definitiva.
Pero ¿no habríamos de emprenderlo, si estamos en la miseria?
Alguien dirá quizá, algún día de otro mundo,
pensando aún en nosotros, cuando sólo seamos pensamiento
de otros; alguien dirá quizá esta frase antigua:
"Está descansando. Ha viajado."»

Mapplethorpe encuentra su camino

Bajo un cielo de miedo incontrolado,
los hombres transitamos inevitablemente;
por enmedio del ansia,
de su agua impalpable, que no vemos,
y que nos quiere ahogar en mitad de las sombras del túnel de la vida.

La renuncia es posible,
como todos los modos de la muerte.
Pero el hombre (aún más, si está entregado al arte)
debe sobreponerse al mundo, debe
encontrar su trayectoria justa,
sus temas esenciales,
debe seguir la flecha que se pierde en el bosque.
Empezar la aventura.
Y el misterio se adensa
y la fascinación por el enigma:
¿hacia dónde te manda el brío de la cuerda de tu arco?

Mapplethorpe, ¿hacia dónde guiaba tu camino?
Te gustaba el retrato y transitar la vida:
el horror, el bullicio de lo bestial,
la intumescencia del inconsciente desenfrenado:
la pistola desnuda hecha de carne de braqueta,
las pequeñas lolitas abriéndose con sus delgados dedos
las únicas firmas de identidad de su sexo temprano,
una dalia, una anémona,
un melón asesinado por cuchillo de carnicero,
un cuerpo prodigioso sosteniendo un gatito
con nombre de profeta,
la flaccidez lechosa de Andy Warhold,

tú mismo transformado en sexos diferentes
hasta agotar el poliédrico y misterioso
ser que nos visita en nuestro nacimiento a la carne.
Buscabas alcanzar la luminosidad
¡que hay que ganársela!, en la vida y también en la obra;
y ella era para ti la unión de los contrarios,
de Satán con el ángel,
de lo debido y lo prohibido juntos:
convertido lo indigno en algo digno.

Supongo que sabías, con Catulo,
que está en la transgresión el principio de todo conocimiento.
Por eso surge el arte
siempre del que está fuera, siempre del extrarradio.
Lo demás, lo que viene de lo bien radicado,
pertenece a otro tipo de producción distinta:
la de la acumulación ambiciosa,
el lucro, el ansia de poder.
Todos los territorios que tarde o temprano
se tornan un desierto,
se deslíen en arenas amarillas y secas.

El hacerse a uno mismo
conlleva un alto precio sin embargo:
la angustia, la miseria, el desprecio, dolores,
la muerte incluso a veces.
Pero huir es más muerte, y más angustia,
y muchos más dolores, y siempre falsedad.

Tú asumiste la magia del peligro.
Vivir es un peligro.
Y morir necesario.
Asumiste tu riesgo y el mundo se pasmó
con tu moderna muerte sagrada y tan mal vista.
Debemur morti nos nostraque. Sí;
nosotros y lo nuestro se deben a la muerte,
pero vivir no es siempre, y ha de serlo, y lo fue para ti,
el arte de encontrar nuestro camino.

El baño

«Recuerdo aquella tarde del pesado verano.
Con cierta reticencia penetré en el recinto.
Los que me acompañaban me pagaron la entrada
y me dejé llevar.
No me fijé en el tosco barbero ni en la tienda de té. Tan sólo vi
algunos masajistas envueltos en sus toallas,
mirando fijamente con ojos detenidos de oscuridad marina.
Cuando se abrió la puerta de madera corcada,
me golpeó en el cuerpo la espesa bienvenida de una masa caliente
/y envolvente de humo.
Empecé a ver fantasmas en torno a las piletas,
donde se desbordaba el derroche del agua,
y comencé a sentir los constantes murmullos,
y el borboteo perenne de los chorros
y de las cazoletas que entrechocan,
y el derramarse de las abluciones en los cuerpos de todas las edades.
La luz allí señala lugares para el libre reposo sobre el mármol
y nos muestra los cuerpos que pasan y que posan negligentes.
Nada parece real:
ni aquel lento habitar de los cuerpos el tiempo
ni la lenta manera de degustar la vida.
Al cabo de la confusión primera,
observé en una esquina un rostro renegrido,
los ojos enmarcados en oscuras ojeras:
un anciano sin duda,
a pesar de su flexibilidad y gallarda prestancia.

Lo enjabonaba suave, tiernamente un risueño muchacho, cuidadoso,
tersas las manos, señorial el gesto, en silencio también.
En aquel entresijo de murmullos oscuros y de ensueño,
creí apreciar su cantarina voz:
—No le ha tratado bien la vida, abuelo.
Usted se habría merecido algo mucho mejor.

Me acerqué para oír la respuesta del viejo,
que con un noble ímpetu,
levantando la mano derecha, puso un dedo
en la carnosa boca casi infantil y dijo:
—De nada tengo envidia,
porque siendo un humilde labrador como soy,
me están lavando ahora las manos de un sultán.

Se encendieron los ojos del muchacho
y el rubor que no hubo en sus mejillas atemperó las mías.
Me hería la irreal, la imposible nobleza de aquel mundo.
El lugar misterioso, de amplios tragaluces y mármoles brillantes,
me había sugestionado sin duda. Comprendí
que no había sido posible aquel breve diálogo,
porque ni yo sé turco, ni tengo oído fino
para cazar al vuelo una conversación distante como aquella.
Había sido sólo un sueño occidental
condensado en rincones vaporosos de baños de Estambul o Yani
/Kaplica;
porque al hombre que ahora puede hablar a distancia
de miles de kilómetros con otros muchos hombres
un paraíso antiguo se le ha ido sin duda de las manos;
y porque al mismo hombre, que domina la imagen
y controla la técnica del cielo y de la tierra,
se le ha permitido descender —sin darse cuenta—
demasiados peldaños en la escala sin fondo del espíritu.»

El paraíso de don Juan

Jota pudo sacar la navaja
(sus manos eran hábiles en amar y en matar),
pero no quiso hacerlo.
En la última pelea,
se dejó patear la chupa ensangrentada
y, mientras su cabeza aún resistía a la bota
que la iba a machacar, soñó su paraíso:

«No más noches de alcohol, ni coca. Ni peleas
con sombras importunas.
Allí arriba,
los astros brillan como los cuchillos, y surgen de la noche como ellos,
pero no tienen ese frío filo, doble y hostil, que te desgarra el alma
en los retorcidos callejones del mundo.
Allí arriba, donde los astros,
no hay padres obsesivos por vengar el honor
de esas pibitas de una sola noche
a las que haces un hijo por la casualidad de un mal polvo olvidado.
No te vas a encontrar los chuletas Mejías, las Elviras histéricas.
Ni cárceles, ni oscuras cicatrices. Allí arriba,
no hay más equivocarse, y casarse, y joderse.
Y luego, huir de nuevo y siempre.»

Y aún más que todo eso,
Jota sueña librarse
del líder de la noche que lo han hecho,

de su sonrisa cínica, que no soporta ver en los espejos,
del miedo que se traga con sordina;
de ese que siempre apuesta y siempre ha de ganar,
y no sabe si es él, porque lo odia tanto;
ese que más se mete,
buscando siempre una emoción distinta y más intensa.

Quiere el joven huir, de nuevo y para siempre,
a una paz que imagina, pero que no conoce.
Quiere sentir que el sol de la mañana,
tibio y reconfortante,
lo acaricia hecho un guiñapo ya, sin vida;
sólo breve noticia en un periódico
para padres asustadizos y ansiosos por confirmar
que esta generación es peor que todo lo anterior;
y él ya para siempre libre de tener que poner, un día más,
las manos en el frío hielo de cada noche.

Calímaco

Tristes almas que, víctimas de Eros, ardéis en el fuego que encienden los efebos y sus mieles acerbas

(Meleagro)

Vuelve a escaparse el viejo poeta cada noche;
después de haber leído algunos de los libros que le mandan
jóvenes, que imagina
hermosos además de inteligentes;
y, quizás con el tiempo, alguno de ellos sea
incluso un buen poeta.
Que también la poesía a veces es cuestión de voluntad.

¡Le hace tanto bien la noche!
No se ve en los espejos ni encuentra a los amigos,
desmoronados, llenos de plagas y de quejas.
Se oculta en un rincón de cualquier bar de encuentros y chaperos,
y elige, por el precio que el mercado propone cada noche,
mala bisutería que el deseo
le hace asimilar a aquellas muchedumbres divinas que alegraran
las noches de Corinto, de Florencia, de Londres,
de Lisboa o Berlín, cuando él mismo era joven,
y en tantas otras vidas que ha leído en los libros.

Hoy aún no ha encontrado a nadie que le guste y que le quiera
ofrecer sus favores a cambio de unos miles.
Se atalaya en la zona de más oscuridad
y pide una cerveza.

Enfrente está sentado un marroquí.
Piel sabia, manos grandes, la camisa entreabierta.
Ni un pelillo en el pecho; ¡como le gusta! Pero lo descarta.
Es chico conflictivo: anda siempre metido
en asuntos de drogas, y en peleas.
Se dice que sus manos generosas
lo han sido en ocasiones con la muerte.

Vuelve el viejo poeta a echar una ojeada
por el local. Ningún otro le gusta.
Y el morito comienza a insinuarse,
a buscarle los ojos al notar su interés.
Entre el uno y el otro, el silencio y la duda construyen un abismo
en fracción de segundos.
Llama entonces el viejo al camarero
y le da una orden.
                    Ante el joven,
espumeante, fresca y decidida, se muestra otra cerveza.
Alza el chico los ojos, negros como el silencio,
fríos como el destino; y brinda con sus generosas manos,
en el aire enrarecido, por una oscura nupcia.

Cuando cruzan la puerta,
se levanta un murmullo
entre los habitantes del peligro y la noche;
del brazo del muchacho, ya en la calle,
por un instante piensa el anciano poeta
en su último libro,
que acaba de salir con honores de crítica y premios importantes.
No teme; nada teme. Al contrario, confía.
No existirá la muerte.

Interludio

Hic abundant leones

I

Los antiguos cartógrafos,
cuando confeccionaban los mapas de la tierra,
en las altas regiones,
sobre las inexploradas y desconocidas planicies,
ponían una frase:
«*Hic abundant leones*».

II

Al pasar de los años,
y cuando el trazo firme de la vida nos tacha
los tiempos que teníamos en reserva;
cuando la madurez nos sitúa decantados
hacia un final de irrecuperables añoranzas
y contra una agonía de balances improductivos;
para los oscuros callejones por los que se nos condujo,
para la frontera impalpable de este lado de sombras,
tan sólo nos quedan frases como aquella
de los cartógrafos medievales:
«*Hic abundant leones*».

III

De fórmulas como esa
nutrimos la poesía los humanos;
la poesía, que no es algo distinto
que ofrecerle al lenguaje
la frágil ocasión
de decir sobre aquello que ignoramos.

«Hic abundant leones»
podría ser también
un conjuro de tantos que construyen la vida.

Porque ¿qué es la poesía y qué es la vida?:
decir lo que ignoramos,
sentir lo inexplicable
y poblar de leones el misterio.

Habitantes, 2

Brahms llega a tiempo a la estación de Frankfurt

«¿Pero cómo es posible que a esta avanzada edad, casi final,
la confusión de nuevo y el dolor
se apoderen de mi alma?»—
así pensaba Brahms
al entrar dos días tarde en la estación de Frankfurt;
pero fue solamente por un instante de debilidad.

El tiempo estaba espléndido, lucía
la primavera tarda, serenamente tarda de Alemania.
Su amor había dejado de existir
unos días atrás.
¡Amor de siempre,
un imposible amor!
                    Su hija María
le había enviado un corto telegrama
con la triste noticia.
Perturbado, confuso, se había precipitado
a la estación de Ischl y por error había
tomado el tren en sentido contrario, hacia Viena.
Ahora, tarde ya para asistir
al funeral, Johannes Brahms entraba, dos días después,
sereno en la ciudad, y hasta contento.

Los primeros momentos de duelo y desconcierto
habían dado paso, con el correr de tantas estaciones
de tren —lentas, monótonas, iguales, y equivocadas—,
a un estado de ánimo no extraño
para el hombre que siempre había tenido
el gozo de la vida al alcance de la mano
y nunca había podido disfrutarla.

Había sabido ser el confidente fiel, el cauto amigo,
y ahora que ya todo terminaba
y miraba hacia atrás juzgándose a sí mismo,
estaba satisfecho con su limpio proceder de tantos años.
Una vez aplacado el ardoroso amor,
todo era calma y gozo,
por no haber traspasado el umbral de la prudencia nunca;
la experiencia más hermosa de su vida en realidad había sido
la pasión por la música de Schumann
y el ascético, tímido, temeroso y lacerante amor
por la mujer de su maestro.

De pronto comprendió que todo había sido perfecto,
que su dolor había sido apropiado
y que muy bien podía considerarse el hombre más feliz del mundo.
Creyó que su magnífica música de cámara
no habría sido posible de no haber domeñado
con la caballerosidad, la justa medida, la emoción contenida,
la nobleza de ánimo, aquella historia de amor impracticable,
aquella historia hoy ya para siempre
una historia sagrada de la música.

La vida para él era perfecta
y todas las renuncias (en su momento, horribles) cobraban un
/sentido,
como tenía sentido la última de todas,
la hermosa muerte que ahora le aguardaba.
Todo estaba en sazón.
Y mientras observaba al joven mozo
que delante de él arrastraba en silencio el fardo improvisado,
rápidamente hecho unos días atrás, con los enseres
imprescindibles para su viaje,
Brahms comprendió que había llegado a punto a la estación de
/Frankfurt.

Los anteojos rotos del profesor Fadigati
(*Beatus ille*)

> *Un ángulo me basta entre mis lares,*
> *un libro y un amigo, un sueño breve.*
> (Fernández de Andrada)

> *Edad y sabiduría nos sobrevienen pronto.*
> *La juventud ha sido pensada para amar.*
> (Dryden-Purcell)

> *El conde Platen es un   viejecito acartonado, con*
> *gafas de oro, de treinta y cinco años. ¡Me dio miedo!*
> (Mendelssohn)

Gustaba tararear, con música de Purcell,
unos versos de Dryden:
«Edad y sabiduría nos sobrevienen pronto.
La juventud ha sido pensada para amar.»

El viejo profesor se creía en el fondo.
Se había acostumbrado a pasar por el mundo
como si hubiera vuelto
a la antesala inane de la vida.
Apenas paseaba.
En pocas librerías regocijaba el tacto de sus manos
con las viejas vitelas.
Tras unas antiparras, herencia de un abuelo,
contemplaba a diario la hermosura del mundo,

observando sus cuadros y leyendo sus libros,
sin tener que pagar el alto coste
que la vida se cobra por su preciado trato.

Gozar sin estridencia,
darle un quiebro a la vida y burlarla
en su esencialidad, era el programa oculto
tras la suave sonrisa
y el irónico brillo de sus ojos enmarcados en oro.

Había conocido desengaños oscuros
en tiempos ya lejanos y olvidados.
La huida hacia el silencio
era el modo perfecto de no implicarse en nada;
de no sufrir; de ser, en vida, como un dios,
en su rincón. Tarareando, absuelto del sufrir amoroso,
su música de Purcell:
«Edad y sabiduría nos sobrevienen pronto.
La juventud ha sido pensada para amar.»

No se le había ocurrido
que en una de esas clases esporádicas
que todavía impartía,
la caliente belleza
que se alía con lo más vulgar del mundo,
la que se mueve, huele y suda y dice inconvenientes
—¡lo que jamás soportó bien!—,
vendría a aniquilarlo.
¡A una edad tan provecta era ridículo!
¡Pero el vivir es siempre un imprevisto!
¡Cuánto más le quedaba por saber
de lo que estaba ahí fuera, delante de sus gafas, inservibles

cuando no son los cuadros familiares
ni los hermosos libros los que miran!

Y el pobre anciano está ahora en la catástrofe.
Del sabio solitario, distante y comprensivo
con los amargos posos de este mundo;
del hombre enajenado
en la turbia antesala del vivir,
sin trato con el sentimiento humano;
de aquél, ya nada queda.
Vive inmerso de forma permanente
en esa otra casa que es el desconcierto,
quemándose los ojos en la esquiva belleza,
apenas en la boca el saboreo amargo de sus labios,
en la garganta un nudo de ansiedades.
Permanece tan sólo entre sus dientes, fuertemente trabados,
un tarareo obsesivo:
«Edad y sabiduría nos sobrevienen pronto.
La juventud ha sido pensada para amar.»
Y, aun así, compulsivo, lloroso, no desea
que nada, nada cambie,
porque es angustiosa, incomprensible, desesperantemente feliz.

Tom de Saint Louis

¿Es que pueden creer en ser poetas
Si ya no tienen el poder, la locura?"
(Cernuda)

«Por asentarme en esa cima incierta
que es ser un gran poeta a los ojos del mundo;

»por brindar con las hojas de los libros
de todos los filólogos del orbe;
por lograr que confirmen
cómo domino el viento cruel de la palabra,
su poder destructor, que muestra la impotencia
del siglo en que vivimos;

»por la noche serena de la contemplación del éxito
en todas las revistas, por el elogio unánime
a mi obra, que tantos creen singular y única;

»por tener el poder editorial;

»por la cátedra en Harvard;

»y por el Premio Nobel;

»arranqué de mi vida
el amor, lo inestable, lo convulso,

lo inusitado, todo
lo que es la fibra misma de mi arte,
todo lo que es la vida que animó mi poesía.

»Esa misma locura que impide mi carrera
—lo sé muy bien—
me ofreció en su momento
las más inolvidables imágenes que pueblan
hoy *La tierra baldía* y los *Cuartetos*.

»Solamente con esa loca lógica
podía reflejar este mundo moderno destrozado,
del que mi inteligencia se supo aprovechar
y hacer literatura.
Y a partir de ese impulso de exaltación romántica
—el germen necesario de la poesía siempre—
pude mimetizar un estilo moderno inimitable,
ya sólo inteligencia,
la razón de la sinrazón, cuidada
con minucia para lograr el éxito.

»¿Con qué esterilidad definitiva pago ahora la falsedad del mundo
en la que me he instalado —la cátedra y el Nobel?
Despachada la vida,
recluida la locura,
sin visitarla más, me encuentro muerto,
hypocrite poète - ton semblable -ton frère»

La antorcha o Arthur Rimbaud muere de nuevo en 1996

al brillar un relámpago nacemos.
(Bécquer)

*también él pertenecía a la raza de
los que cantan en el suplicio.*
(Sábato)

I

Ese banco, esos gritos, en la *rue La Fayette*,
la fría gasolina en los harapos, el olor penetrante
y el calor incendiario,
los soñaste en tu noche primera, te olvidaste
después, y te aguardaban en la última noche de tu vida.

Llorabas con el llanto desolado de las viejas salmodias
que suenan en los campos de exterminio del mundo.
Llorabas con un llanto de tribus africanas
que van a la masacre.
Llorabas con el grito amedrentado
del indio mexicano en la emboscada innoble.

Era el desconsolado llanto premonitorio del que se sabe un día
abocado a ese banco, y a esos gritos que rondan como ecos del futuro,
y a ese húmedo frío que antecede a tu incendio,
en la *rue La Fayette*, hoy para siempre.

Mientras tanto en las calles de París

te alimentan mendrugos
que sacas de los cubos de basura,
duermes acurrucado en todos los portales que te encuentras abiertos
y escribes *la verdadera vida está aún ausente.*

II

En medio de tus dos noches del desamparo,
tan sólo hay que contar más desamparo
en una infancia hiriente
y en una adolescencia sin palabras,
fría como la loza del water que te oculta.

Se te acerca un amigo y le escupes en la cara.
Sólo tú sabes verle esa boca podrida y esos ojos sin órbitas.
Lo coges de la mano. Le quieres devolver
su estado primitivo de hijo del sol,
pero se niega,
se revuelve,
te deja abandonado.
No desea que encuentres para él y para ti
el lugar y la fórmula.
Y te vas a Abisinia a hacer tráfico de armas
y volver mutilado.
Nuevamente a la calle,
abatiendo tu alma la penuria
en un cuerpo que apenas
se puede sostener sobre la tierra firme.

Entregado a una eterna encrucijada,
se te hace necesario el asiento en la calle,
y soñar nuevamente

el calor incendiario,
esos gamberros de una tribu urbana
que pondrán gasolina en tus harapos,
mientras que pretendías, sobre un banco de piedra, extenuado,
aquietar para ti por un instante el mundo—
todo lo habías soñado ya en la noche primera de tu vida;
y aunque luego olvidaste el sueño y el asombro,
los residuos de aquello te han marcado:
el miedo que no sabe por qué es miedo,
el sufrimiento oscuro que no sabe,
en el vacío incierto, qué lo provoca o qué futuro avanza.

III

La moral y la lengua
se reducen a la expresión más simple
en esta gran ciudad, habitada por nuevas
Erinias, que se mueven
en medio de millones de gentes que se ignoran.
Uniformes espectros de una educación
igual, de una monótona
existencia igual,
de un trabajo alienante.
Cortinas de carbón sobre todas las tejas, sobre todas
las negras cabelleras de vuestros hijos, sobre vuestros ojos,
sobre el cielo del mundo.

IV

Y el carbón de tu cuerpo,
ahora antorcha viviente.

Mientras se alzan aullidos
en la *rue La Fayette*, a tu danza de incendio
(¿hombres?, ¿lobos?, ¿tan sólo son canes asustados
los que gritan al verte?);
mientras los astros miran desde lo alto
de la *rue La Fayette*,
impasibles, la danza de la muerte;
has despertado al fin de tu largo paréntesis
de estos cuarenta años de existencia.

Ni lucha por más tiempo, ni interrogantes ya, ni sufrimiento.
No hay rostro. No hay palabras. No hay recuerdos.
Liberado por fin,
en la mañana sólo
una sombra viscosa en el asfalto,
y humo en ralo residuo. Nada, nada
del que antes habías sido.
Liberado por fin
al brillar de un relámpago en la noche,
librado al paraíso en el olvido.

La renuncia del soldado

muy mayor la desventura
d'aquesta nuestra edad cuyo progreso
muda d'un mal en otro su figura!

(Garcilaso)

Todo es desolación en torno.
El frío viento de la mañana
te despierta a su paso y te acuchilla.
Vienes de cualquier guerra y no importa tu bando,
de qué campo de lucha desertaste.
¡Sólo veo en tus ojos que te encuentras perdido!
¿A qué familia ansía el corazón
encontrar nuevamente?
¿Hacia dónde buscarla?
¿De cuántos enemigos y de cuántos amigos no viste ya esparcida
la sangre, para que aún te asista algún recuerdo?

Tras entrar en sagrado
(quieres rezar por los hermanos muertos
que siembran las colinas),
continúas andando, hasta una landa
con un árbol frondoso. Sólo uno.
¡Ya ves que ni los árboles se salvan de esta cruda catástrofe que habitas!
¿A quién no cansaría tanto exceso
de peligro, de casas desoladas, de memoria perdida?
Y *¿qué se saca de esto? ¿Alguna gloria?*
¿Tiene algún sentido? ¿Quién lo agradecerá?

Mientras te va acuñando el cruel pensamiento
los nuevos sinsentidos, la ausencia de respuestas,

sacude tus oídos un murmullo de gentes. Te inquieta. Y temeroso
prosigues por la landa, aceleras, hasta encontrar el mar.
Deseas la caricia del juego de sus olas. ¿Dónde estará tu madre?
Necesitas el fresco del agua en la mañana.
¿Dónde encontrar el refrescante amor de tu mujer,
y la paz de la hacienda perdida?

Aunque aún eres muy joven,
por el intenso tiempo que te tocó vivir,
tus ojos son los cuévanos de la desesperanza,
y en tu rostro hace mucho que la angustia
erupcionó como una erisipela.
¿Cómo creer ahora? ¿En qué verdad?
No la has encontrado
en la ruidosa y polvorienta mañana de la lucha;
en el grito anhelante al cielo raso
cuando te hacía morder una bota enemiga el soleado sendero.
¿Qué se saca de esto? ¿Alguna gloria?
¿Algunos premios? ¿O agradecimiento?

Hoy después de dejar al agua que suavice
tu piel acartonada
(son las olas mil manos diminutas de madres fulminadas
por el odio y por la incomprensión obtusa de sus hijos),
oscura la memoria, perdido en el vacío del mundo y de ti mismo,
pareces esperar, al viento que te seca,
junto al árbol que te roza con sus ramas,
simplemente que un día, pronto, suene
alto por un camino la bocina,
la bata blanca y la cruz roja,
dentro de la ambulancia la gente más pacífica jamás vista,
para ellos y para ti serones de olor dulce y tacto suave,
y así marchar, definitivamente,
dejando atrás todas las voces confusas de esta tierra en guerra.

La mujer de Lot abandona Pompeya cuando anochece

> *Y si estas almas no procuran entender y remediar*
> *su gran miseria, quedarse han hechas estatuas*
> *de sal por no volver la cabeza hacia sí, así como*
> *lo quedó la mujer de Lot por volverla.*
>
> (Teresa de Jesús)

I

Un diamante perfecto
se ilumina en su frente cuando llega la noche, cada noche:
el ansia por salir y disfrutar la vida—
la vida que le niegan, y que niega,
durante la jornada de trabajo en la oficina
y de mil obligaciones familiares.

Pasa junto al volcán, emblema milenario de la ciudad odiosa,
activo nuevamente desde hace unas semanas—
aunque, según la radio, la prensa y otros medios,
sin peligro inminente.
Escéptica, le oye el rugir misterioso,
lo acalla con la fuerza del motor de su coche, y prosigue hacia el centro.
Recuerda, acariciando su recuerdo,
como el niño inseguro se arrebuja en su manta,
recuerda aquella capa incandescente
que sepultó la villa en la época de Roma.
Mira la incontinencia y la imprudencia humana
en los nuevos edificios que han dado a la planicie,
yerma por tantos siglos,
su renacido aspecto de ciudad del siglo XXI.

Y formula un deseo secreto en el silencio, como una consigna:
«¡Ojalá que hoy la noche fuera eterna!
¡Ojalá que brindara el olvido perpetuo!»

II

La tarde y la mañana agotadoras
no quiere recordarlas, cargadas de trabajo en la oficina.
Ni el regreso a su casa, la comida, la siesta
entrecortada, y la conversación, siempre imposible,
por ponerle una cota al sinsentido
de su vida con él, con ese hombre que la angustia hace ya más de
                                                    /diez años,
y no quiere pensar en el divorcio
que no madurará.

Flotan en el reciente recuerdo las palabras, los gritos,
y la angustia obsesiva que la arrastra hasta el coche,
el coche que la lleva,
el coche en que se pierde,
el coche que atraviesa las calles luminosas hasta el centro.
Esos cuerpos errantes, solitarios, que miran
de reojo, los pasa, los cruza, los rocía
de alabanza o dicterio,
según el cuerpo pide.

Una botella cruje atrás, en la maleta (algún olvido
de la compra en el súper esta tarde)
y llena de olor dulce el ámbito del coche,
que sigue acelerando.
No respeta señales y el anís se derrama.
Topa con unas latas de basura, y al fin
nada le importa, pues
ni ella misma se importa.
¡Ojalá que la noche fuera eterna!

III

Hace mucho que dieron ya las doce,
con doce silenciosas campanadas
en todos los relojes digitales de los hermosos jóvenes
que la rodean en la discoteca donde departe, baila y enloquece,
con su último whisky por ahora,
fácil presa de hambre fresca, insaciable e innoble.
Las lámparas se inquietan por otro imperativo latido de la lava.
No hay peligro inminente, todo el mundo lo sabe y lo comenta,
pero el vaso se escapa de su mano y se estrella contra el suelo.
¿Eres tú o es el mundo
quien se conmueve todo?
Sabes de otro volcán que descontrola
el espíritu abyecto de tu noche.
Y está dentro de ti ese magma rugiente.
Ojalá que la noche fuera eterna.

IV

Huir es la consigna.
¿Huir de lo de afuera, huir de lo de adentro?
¡Qué sabes tú! ¡Y qué horror
enfrentarse al puñal certero y destructor de una pregunta!
Huir, seguir huyendo es lo mejor.
Media raya en el wáter, con cualquier conocido,
te aireará un poco el cuerpo, cuando ya se amuermaba:
que hay otras discotecas aún por visitar
y hay guiños de ojos dulces, acechantes,
que prometen, si aguantas,
lo que aquí está zanjado con el último sorbo
de este aguate de whisky.

Agotada la noche,
ahora la carretera es como un largo túnel oscuro de regreso

a extraños extrarradios,
que no parecen tuyos,
donde tienes la casa, el marido, los niños,
pero no reconoce como suyos tu espíritu.
¡Que todo se lo quede cuando hagamos reparto!
¡Las leyes siempre premian la impura sensatez!
A mí que me dejen tan sólo el olvido perpetuo.

V

El alba se ha encendido
y quema en las entrañas;
como siempre se enciende y quema
en tu interior.
                Contemplas,
sin saber todavía —ni lo has de saber nunca— si están dentro
o fuera de ti misma, las relucientes llamas
y los altos incendios instantáneos.
La lava burbujeante, el hiriente calor.
¡Es tan rápido todo!
Ni siquiera lo notan las sombras errabundas en esta madrugada
que no tendrá futuro;
ni siquiera se inquietan los cuerpos fugitivos en busca de otros cuerpos
que nunca encontrarán.

Ni tú, cuando te es dado contemplar el momento
de la nueva catástrofe. Porque poco te importa.
Ante los movimientos violentos de la tierra,
cuando un manto de llamas se apresta a acurrucar la ciudad por
                                                    /milenios nuevamente,
apoyas la cabeza en el almohadillado del asiento y prosigues
la huida de ti misma.

Ahora por fin, por fin, será eterna la noche.

Y sigue

Rueda de la vida

Y ahora, ante los hilos de la sombra
donde no está tu imagen reflejada,
dime, si puedes,
¿quién podría aún nacer?"

(Valente)

Lo Uno permanece,
cambia y pasa lo múltiple tan sólo.

(Shelley)

Se habían despedido de la vida.
Estaban en la paz, horizontal y húmeda, del mundo
—perdida la razón que los hizo infelices,
sin aquella pulsión que siempre los llevaba
ineludiblemente al cepo o al laberinto.
Estaban bajo el limo corrompido, en camino sin vuelta.

¿Cómo surgen de nuevo?
¿Qué poderosa voz los llama ahora?
Y ellos, ¿a qué responden?
Una bola de fuego en el fondo del sueño
— del falso sueño eterno que dormían—
revoca su descanso, los reaviva.

Tienen bocas jugosas otra vez,
dientes blancos y sanos;

suave es la piel para el deseo. Cantan
a la vida y al gozo. Y no son muertos, no;
no es el apocalipsis lo que vemos;
nada más alejado de un guión para Whale,
de un cuadro de Valdés Leal o Nolde.

Mirad en los retratos del pasado,
en los libros de citas, para saber si son ellos de nuevo.
Mirad en las cartillas escolares,
en las viejas historias;
mirad las galerías del desván de la abuela,
y en las comisarías y en los archivos de Auschwitz.

¡Cómo han de ser los mismos! ¡No es posible!
¿Cómo puede pudrirse el grano y renacer
oliendo a juventud y a feracidad fresca e insolente?
¿Quién puede comprender
que el impalpable flujo que nos crea
desborda a cada instante su novedad sin cambios;
que, para nuestro asombro,
todo vuelve — los hombres y sus fuerzas,
los astros en el cielo,
el amarillo fuego de los años, el agua de la noche—,
readmitiendo en la vida lo que un día ya fue,
sin otra variedad que el cambio permanente de lo mismo?

*

Volverá así a nacer con su ala mágica
el ansioso fotógrafo de Queens
y con su inquieta máquina
volverá a colocar el objetivo sonriente
donde se encuentre la vida.
En los mismos *shorts* y en las mismas braguetas.

Y meterá su dedo juguetón
en las acanaladas carnes tiernas,
y las niñas saldrán corriendo, huyendo desnuditas,
riendo a carcajadas,
mientras inmortaliza con un *flash* oportuno
su culo tierno, suave y respingón,
y también la carita que se vuelve insinuante
y dice provocando: «¡a que no me fotografías!»
Volverá a recorrer las calles de la misma ciudad de Nueva York
el gozo por la vida que se llamaba Mapplethorpe.

*

        ¿Quién será acariciado esta mañana de otro otoño levantino
por la mano peluda de Jaime Gil de Biedma?
Él tiene ahora otro nombre, y tiene ahora otra cara
con la misma sonrisa eterna de deseo,
las desbordadas ansias por vivir el instante,
y más aún: vivir, incluso, hasta el pasado.
Le gusta conocer la vida de los otros que se fueron.
Busca sus testimonios escritos y deleita
las horas del silencio
en vivir más, con ellos —la multiplicación
misteriosa del tiempo y de los mundos, en la literatura—.
Hasta se lee a sí mismo, sin saberlo,
recitando sus versos del pasado,
en un maravilloso onanismo del alma,
una mañana eterna, ante el sol de la vida nuevamente,
y con otros cachorros tan inquietos
como los de la foto que tenemos de Jaime Gil de Biedma
en un jardín, en una casa abierta, en un otro pasado.

*

Llega tarde al avión ese joven turista.
Paga el taxi. Se carga de maletas y bolsos
y apaga la inquietud de una joven que aguarda ante una puerta
mientras los altavoces insisten en sus nombres
y en la última llamada del vuelo para Hamburgo.
¿Es la primera vez que viajan a Alemania?
Están enamorados,
por esa conjunción de las estrellas
que el destino escasea entre los hombres, aún tan necesitados
de volver a cumplir el viejo mito platónico de unirse en una carne.
Se acaban de casar y son felices.
Ambos tocan en una orquesta de provincias, el violín y el oboe,
y aunque él se llama Juan y ella se llama Clara,
no saben por qué siempre han querido conocer
la ciudad del Alster y del Elba, la ciudad de Brahms.

*

      Se construye una nueva colonia de edificios
en las afueras de Madrid este invierno.
Un mal giro y se ha roto la camisa un obrero
y bajo la tetilla hay un rojo bullir de sangre
que entristece al viejo arrebujado en su raído abrigo
que mira en una esquina el trasiego de la obra.
¿Qué recuerdos le vienen de una landa desierta,
de una huida sin meta, de una caravana
de ambulancias que transportan a los muertos
de una guerra fratricida, que odia,
al otro lado de las costas del Gran Canal?
Corretea un niño y ve en los ojos
quietos del viejo una sombra de batalla perdida.
Y se acerca, y sonríe, y recoge

en una caricia de su gordezuela mano
la lágrima que no quiere ser reconocida.
Y ríen los dos, y el mundo vuelve a ser
una reconciliación gozosa.

*

Por un puente de la primaveral Venecia
baja un turista más de tantos.
¿No se apellida Fadigati? ¿Ni Aschenbach?
¿Qué nuevo profesor de nuevo nombre
— los nombres no dan claves, ocultan lo de siempre—,
tras qué nueva ilusión pierde sus gafas
en un canal con el verdín de siempre, con sus malos olores
y sus viejos tablones de roble podrido?
¿Qué náyade de eterna juventud se mofa de él,
montándose las doradas gafas en las naricillas frescas y rosadas?
¿Qué dogo sonríe desde las aguas?

*

¿En qué África nueva renace hoy André Gide
con sus ojos de occidental perdido
en una lengua extraña,
cultivando en la mano derecha el tatuaje
del miedo a lo desconocido,
sorbiendo el negro plomo en suspensión
de un caos de bocinas y frenazos?
¿Estamos en El Cairo? ¿O en Alejandría ante un nuevo Calímaco
que no sabe ya escribir poemas,
pero sigue aferrado a la noche y al culto a la belleza de los jóvenes?

*

Y hay muchos, muchos otros
en los que se repite la misma vida de antes.
No sabemos el origen de este misterio.
¿Y tú? ¿Quién eres tú?
¿En qué lugar te toca emprender un camino nuevamente?
¿Con qué cuerpos tendrás tu diario fornicio;
esa cercanía de tentación, temor, placer, tortura
con otros cuerpos que se abren a otros espíritus?
Hay un perenne ir y venir de vida.
Hay un embriagante renacer
al contacto de las pieles, a la intimidad
de contarse los sueños, a la angustia
de no cumplir los deseos, a la búsqueda
del otro, que sabemos que está ahí,
que un día fue con nosotros la perfección y ahora
no damos con él, porque
todo va y todo viene, y cambia,
y lo mismo que nos da el gozo nos aniquila,
y sigue y sigue.

> *Este es el sentido de la fórmula: el ser humano*
> *vive inmerso en la marcha de los elementos. La*
> *cuaternidad y el círculo que vuelve sobre sí*
> *mismo dan expresión geométrica a esto.*
>
> (Böhme)

NOTICIA:

La primera parte del libro está dedicada a Antonio Durá; dedicatoria que es tan sólo la punta de un iceberg de reconocimientos. El poema de Mapplethorpe se lo debo a Ernesto Sánchez-Gey Venegas. *Hic abundant leones*, una vez más, a la lectura de Joyce. El poema sobre el nuevo Calímaco tiene una dedicatoria que callo por pudor ajeno; y como tantos otros poemas supuestamente culturalistas que he escrito, es pura vida. *El baño* evoca un mundo que no me pertenece; por tanto se lo devuelvo a su dueño, Soren Peñalver. *La antorcha* y *La renuncia del soldado* salieron de las páginas de los periódicos. *La mujer de Lot abandona Pompeya* es un misterioso puzzle y quiero dejar constancia de mi propio asombro. Finalmente el poema *Los anteojos rotos del profesor Fadigati* —poema que reúne los referentes literario, musical, cinematográfico e inevitablemente vital— está dedicado a Miguel Salas. El obsesivo motivo musical del profesor se encuentra en la semi-ópera de Purcell *King Arthur*.

Por cierto, los libros confirmarán que algunos versos en cursiva que hay dispersos por entre los poemas pertenecen a Horacio, a Baudelaire, a Rimbaud, a Valle o a Garcilaso. Yo no estoy tan seguro, aunque los señalo como ajenos.

DEL TIEMPO DE
LA ISLA

(1996-2002)

Liev Nikolayevich Mischkin

Recordó los síntomas que anunciaban los
ataques de epilepsia tantas veces sufridos.
(Dostoiewski)

«¡Me encuentro sobre un monte sin cimientos!
¡No sabía que en esta oscura noche,
redonda como el mundo, humedecida,
donde estoy prisionero,
se podían abrir tantas compuertas,
cruzar sin tregua el viento,
penetrar por la luz
y comprenderlo todo!
Ese todo, al que creo hoy encontrarle
un exacto perfil,
en esta aurora mágica.

»Me duele la cabeza; mi cerebro parece incandescente.
Ya no llueve en la noche. Ya no hay noche.
Los cielos se han abierto. Hace una luz magnífica.
¿Se ha recompuesto o se ha multiplicado
el plenilunio roto
en los mil charcos que dejó la lluvia?
No sé nada de mí ni de mi entorno
cuando al fin lo sé todo. ¿Qué sucede?

»No importará si un momento después
retornan a mi alma
agonía y negrura, y la epilepsia
se muestra convulsión y espumarajo nuevamente.
Pues, por acaso extraño y misterioso,
la enfermedad me ha abierto en un instante
la puerta que conduce a la armonía
del universo, y un instante (al menos un instante)
ha diluído todas las preguntas,
me ha liberado, con su atrocidad,
de esta roma normalidad diaria,
que me ahoga, vergonzosa.

No me importará luego ya anegarme
en el vómito verde para siempre,
pegado contra el suelo, idiota Mischkin,
solo, humillado, tras tanta grandeza
mirando nuevamente el plenilunio,
pobre, roto en los charcos de la lluvia,
y a merced de la bota del que pase y me insulte.»

La visitación de Mister Hyde

¿Vas a escandalizarte una vez más,
porque has visto que apunta esa oreja lobuna en tu cabeza,
al mirarte al espejo?
¿Vas a seguir luchando y angustiándote
cada vez que proyecten tu sombra puntiaguda las noches de tu vida?
En ellas, y al amparo de la extraña palmera,
te buscan unos ojos encendidos
de otro animal que quiere devorar tu deseo con el suyo,
desleírte en su enhiesto silencio, que te aguarda.

Cada vez que recorras
el filo de la plata del suburbio; o, aún más lejos,
el calor de la pólvora
en otros campos y en otras ciudades,
¿habrás de censurarte por la mueca feroz de tu persona?

¿Siempre que vuelvas a tu ser primero
(que es un decir, ¡se impone siempre un orden!),
vas a necesitar justificarte?
¿No aceptarás jamás
al demonio que vive con el ángel?

En tanto que te llega la respuesta,
procura inocularte sentimientos de culpa en dosis no letales,
y prosigue escribiendo tus justificaciones
desde tu otra naturaleza, culta,
digna, la que recita tus versos importantes,
la que convoca alumnos y públicos diversos,
la que busca el aplauso.
¡Tu gran naturaleza!
La que tanto te gusta, aunque es notorio
que se alimenta y vive del lobezno.

La torpeza de Sócrates

Homenaje al cuadro de Hernández Amores «Sócrates reprendiendo a Alcibíades en casa de una cortesana».

A Francisco Brines

No puedes enfadarte,
si el muchacho aplicado, al que dedicas
tus ojos y tu tiempo,
por impulso del ímpetu que es propio de su edad,
a veces frivoliza la sentencia que sale de tu boca,
y a veces no soporta el pesado tesón de tu enseñanza
y huye al mundo, a vivir.

No creas que es desprecio
de todo lo que tú amas y le enseñas.
Es muy inteligente y admira tus palabras, y honra tus esfuerzos.
Pero no olvides nunca la diferencia de años que hay entre vosotros.
No pierdas los papeles: que tú eres el maestro,
y eres un poco el padre,
pero has de ser también como un amigo,
connivente y curioso, prudente en la distancia.
Muestra la comprensión (que a él no puedes pedirle)
en dosis abundantes (las mismas que a él le faltan)
y deja que retoce, y deja que sea frívolo,
que ría, que sea alegre. ¡Que viva!
Por tan sólo una vez se es joven en el mundo.

¡Te gusta su entusiasmo! Tanto te gusta que
a veces necesitas apartar la mirada para no deslumbrarte con su rostro.
Te gusta ver su asombro ante la novedad,
novedad que está en todo para él todavía.

Porque ¡es que aún es tan joven!
Pues déjalo que estalle de entusiasmo.
Abandona las bridas. No lo fuerces.
Mantén, retén en un reposo sabio las manos. Déjalo.

No cometas el torpe pecado que hizo a Sócrates
(insolente censor) ir aquel día
a la casa del gozo en busca de Alcibíades.
No es propio que te pongas en cruel evidencia
(como el clásico sabio),
en medio de mujeres que el mundo ha maltratado
y de todo hacen mofa;
no te muestres airado, que ellas (sabias)
habrán de interpretar (correctamente)
tu descompuesto rostro
como el herido gesto del despecho.

No cuadran los excesos con tu edad.
Las escenas de celos. Deja al mozo
que gaste su energía (es necesario)
y muérdete la lengua,
quédate en casa, solo, releyendo la anécdota de Sócrates. Y espera.

Un día (si es que eres prudente y si es que adoptas
la táctica paciente del pescador,
si sabes mantener tu equilibrio)
escucharás que llaman a la puerta,
y será tu discípulo querido;
vendrá a que lo consueles de la vida,
de tanta frustración y desengaño.
Te brillarán los ojos (de gozo y de lástima,
de angustia y de triunfo —todo en uno).
Ese es tu lugar, donde destacas.
Y donde él te busca.
Entonces lo tendrás de nuevo entre tus manos,
para hacerlo más fuerte,
que comprenda la vida y vuelva al mundo.
Será al fin tu momento. Cumple entonces.

Con un afán sin nombre: Luis Cernuda

No contiene el gracejo ni el destellar que alcanza
algún otro poeta de su grupo.
La voz resulta áspera y el verso desabrido.
Quisieras apartar el libro de las manos,
y, sin embargo, vuelves a él cuando tu espíritu
anhela la poesía.

Cala como la lluvia silenciosa de otoño
y te sazona el alma con imágenes
que son vida, dolores, inquietudes,
reflexiones perplejas.
Y leyéndolo, eres tú el que dice, el que sufre;
y el inquieto eres tú, y el reflexivo.

No quiso distinciones entre su triste vida desairada
y los versos que hacía.
No supo construir un mundo de poemas pura literatura,
pues odiaba
la tradición de españolismo hueco;
charanga y pandereta calando hasta la médula
de la misma poesía. ¡Que en todo así era España;
la España de su tiempo (y la España de ahora)!

Él, sin embargo, ávido escarpelo de la crítica,
tuvo que abrir su carne y su memoria,
destripar el terrón de su persona
y construir de nuevo, con el barro reseco y calcinado
de su imagen destruida,
la torre del misterio de su alta poesía.

Por eso, entre el silencio de la gloria académica
que al fin le han concedido,
aún queda quien venera (con gesto de verdad)
el incendio del verso que nos lega.

ANIMALES DESPIERTOS

(2013)

Duda previa

Necesidad bastarda

Puede escribir ahora:
«Esa paloma descarada cruza
por el rojo poyete de la terraza abierta.»
(Una escritura nueva,
aquí, en Valladolid, donde lento transcurre el tórrido verano).

Y aún no hace tanto tiempo
de aquellos versos, con el trazo húmedo:
«Hoy una gaviota inquieta se ha posado
en el mojado alféizar de la ventana gris.»
(Los escribió en otoño, y estaba en La Coruña).

¿Tiene ya todo dicho: lo que pueda decir
en este corto espacio de su breve existencia?

La verdad es que lo mismo que antes ya vivió,
en distintos lugares,
no deja de sentirlo, siempre intenso, y de nuevo.
La misma sensación, mil veces renacida,
¿ha perdido el derecho a la escritura?
No es fácil insuflar en el lenguaje

la novedad perenne del sentimiento siempre repetido
que es el diario vivir.
Y ¿para qué ha de hacerlo?

Cuando en la quieta tarde de soledad con sol,
en esta otra ciudad sin mar y con campanas
que asperjan el olor de las iglesias,
le produce de nuevo un shock inesperado
este pájaro inquieto, esta eterna paloma que rompe su cordura
y señala a la vida de ahí afuera,
con su zureo pomposo y atrevido,
¿qué debería hacer?

¿Podrá alzarse al misterio de repetir con éxito verbal
lo vitalmente siempre renovado?
¿Procurará, empujando el muro de sus límites,
engañar al lenguaje nimio y romo
que se le ha concedido,
y trasplantar en él de nuevo la inquietud,
lozana y como virgen,
de sentirse tan vivo, llamado por la piel de la naturaleza?
Y ¿para qué escribirlo, si lo siente;
y si hoy el mundo aún alienta como suyo?

I El mito y el misterio

El hombre inflige una perturbación al orden total.
Con el pecado original se abre una grieta.

(Safranski)

Los antepasados de nuestra raza empezaron a
aprender rápidamente muchas cosas.

(von Däniken)

Aún no había brillado el rayo sobre el germen.

(Libro de Dzyan)

El animal despierto

Este fuego sin fin de la palabra
se me impone otra vez, y me obliga a pensar
el comienzo de todo,
cuando se despertó el animal ansioso, mi progenie,
y empezó a descubrirse en el gesto sin norte de su búsqueda.

¿Fue la casualidad?, ¿fue la curiosidad —un fuego vivo—
la que lo hizo salir, del sótano habitado de ignorancias (aunque
/también de paz)
hacia el día alumbrado?

Desde entonces unió
el ojo de la ciencia al de la fantasía,
manejó con su mano temblorosa el ruedo de las dudas,
ahondó las superficies de las cosas, del mundo, de sí mismo;

pero siempre infructífero, abatido
el velo de sus párpados de plomo.

Y siente desde entonces permanente la entrega en el dolor,
conoce la pasión hasta hundirse en las miasmas de su gozo.
Sólo es sombra que pasa, y siendo sombra
quiere resplandecer en el uso diario de la vida.

Se han abierto sus nervios y sus carnes
ante los laberínticos misterios.
Ha mirado con la mirada turbia del que no es inocente.
Ha crecido en el sueño y el deseo,
enredando el misterio
en el prado sin tregua de la vida.
Y nada, hacia lo Negro acongojante, hacia la costa inútil.
Temiendo que lo atrape un estertor de alondra fenecida.

Cruza el viento del norte, frío y triste,
come el fruto del árbol de la ciencia, esperando saber;
y cuanto más conoce,
es más un dios culpable de saberse.
La conciencia es la daga que en su mano
se vuelve contra él, el enemigo
en una extraña guerra de iguales enfrentados,
sombras en los espejos y pechos retorcidos,
¡tan lejos la pureza de los astros!,
¡tan lejos los silencios expectantes
de los demás vivientes!
Porque el ángel antiguo huyó y vino el tiempo
de encontrarse perdido
el animal despierto
en medio de un oscuro caminar por la vida.

La mañana de luz
(Variación del mito edénico)

> *Se alumbra súbitamente en el espíritu una hoguera,*
> *como si en él hubiese caído una chispa.*
>
> (Rudolf Otto)

> *Era el tiempo sin sueño y la fusión indiferenciada del*
> *hombre con el universo. Lo más afín, si no idéntico,*
> *al estado originario paradisíaco.*
>
> (Jean Gebser)

Al pintor y amigo Antonio Martínez Mengual.

I

Cayó sobre el metal pesado del cerebro,
en mitad de los ojos, más arriba de la corva nariz,
el fruto de la luz;
cayó desde el frondoso árbol mítico
la manzana encendida, el nuevo entendimiento.

Penetró el horizonte intacto de la frente
del animal, sentado bajo el árbol edénico.
Como un chip misterioso, lo obligó a abrir los ojos,
más allá de la piel de la materia, construyendo el espíritu.

Igual que un berbiquí, ahondaba en la negrura, rompía la ignorancia,
la igualdad primigenia de todos los vivientes;

destrozaba la densidad compacta
del mundo en su inocencia compartida.

II

El hombre abrió los ojos, cayeron las escamas,
y empezó a reflejarse en un espejo
de cruda comprensión, de límites estrechos.

Comenzó a conquistar la mente en la palabra
y un reguero de pólvora
fue el saber de los dioses y del mundo,
en noches ateridas, en tardes soleadas de lecturas;
y fuegos de artificio
fue la fe en la utopía,
con el volcán de todos los fracasos,
de todas las creencias.

III

El hombre quiso arder en amistad y amor:
Ser música en el mundo, la danza de los cuerpos enlazados.
Empezó un navegar con sueños de deseo,
conquistó el leve don y su misterio:
transitaba otras almas, sus pieles, sus sudores,
el tacto renacido.

Pero al atardecer de las conquistas
estaban impregnados sus deseos
con los lodos de la crueldad fatal y la autodestrucción.
El crepúsculo rojo seducía a Caín,
el brazo tembloroso, la quijada de fuego,

la nariz carcomida,
la mirada de plata con que lo maldijeron.

Y aunque trazara ansioso, en su nueva miseria de deseos,
sendas por la esperanza,
—con semillas de fe o de bondad,
con milagros de amor a las otras criaturas de su estirpe,
con músicas hermosas y apacibles que aduermen los insomnios,
con la grandeza lírica de místicas rebeldes—
nunca pudo, jamás, nunca hasta ahora
ha podido abortar el agujero negro de la cruda existencia,
del horror primigenio.

IV

A todo esto ha traído, y trae siempre, aquella luminosa
manzana de la luz,
la manzana caída, la lumbre en la conciencia de la carne,
la conciencia de ser.
                              Que desde entonces,
en su peregrinar de ceniza y crepúsculos,
el hombre es un zahorí de ecos por las sombras;
y va mirando todo
desde la orilla sola de lo humano;
y en los *maelstroms* del agua de la vida
persigue el fuego quieto de su origen, la inocencia,
la paz de alguna forma,
el sueño que lo llama desde Aquel Otro Lado
con magnético acento,
para cerrar el Círculo
y volver a la paz de la inconsciencia, de la piedra.

II El hombre en su límite

Leve don

I

¡Un extraño misterio son los dioses!
Conocemos sus hechos: sus dones y también cuanto nos niegan.
No entendemos ni lo uno ni lo otro.

Te han dado la hermosura:
una piel tersa y blanca como la alta lujuria de los sueños.

Te han concedido hablar en varias lenguas
casi perfectamente.

Y te niegan lo más habitual
entre las concesiones de los cielos.
Te niegan el lenguaje sencillo de las pieles.
Te envaran el espíritu en la noche del cuerpo.

II

Cuando la suave mano que pide la caricia
pasa del justo punto del pudor (invento ajeno
a la verdad del cuerpo),
una oscura serpiente en tu interior
se retuerce y se anuda
y te cierras sobre tu oscuridad.

¿Por qué (pero los dioses no contestan)
no puedo acariciar tu joven cuerpo,
hablar con él la lengua del afecto?

III

Lentamente, en silencio, se conocen los hombres;
avanzando con paso, si cauto, decidido.
No me niegues la dicha de este nuevo diálogo:
Transitar por tu alma, por tu cuerpo y mi ensueño.

IV

En la profundidad de tu mirada
(dos negras insolencias),
las edades se agolpan.

¿Qué hiciste en otras vidas para sufrir ahora este castigo?
¿Qué no hice yo contigo, cuando nos conocimos, para este
/desamparo?

Llegaste un día a mi casa y te colaste
en mi coto cerrado, en mi amable reducto.
Nos miramos, nos dimos las manos y quedaron
un tiempo entrelazadas,
como cediendo al tacto ese decir
que aún no era de la boca.

¿Qué me engañó de ti, qué gesto,
qué intención aparente
que luego me negaste?

V

Como ocurre a menudo en el amor (palabra grande,
difícil de sostener, casi siempre más allá de lo oportuno),
los afectos encuentran a sus dueños
cuando no esperan nada,

cuando van descreyendo de que un regalo nuevo les aguarde.
Gran parte de la fuerza del amor suele ser la sorpresa.

VI

Nada tiene futuro en esta vida, y menos esto nuestro.
Así que no pregunto, me entretengo
en mirarte a los ojos, en pasar
la mano con la mente por tus sienes,
en todo lo que sé que he de perder un día,
sin pensar nada.
Como en la vida. Sin planes.
¡Qué digo como en la vida! ¡Estúpido lenguaje!
Nada de *como*, es la vida
que de nuevo me sorprende
inoculándome su fuerza
tras años de espectador ansioso por tocarla.

VII

No estás entre mis brazos
y me parece, en cambio, que quieras formar parte de mí mismo.
Pero lo que te asombra y lo que te divierte,
lo que te gusta y te hace sonreír ¡me es tan ajeno!
Vive tu vida en gozo
y yo estaré en mi sitio.
Los días que la vida nos une
son un portento inexplicable.

VIII

No puedo cometer el error de cerrarte el círculo
sobre mí mismo y asfixiar tus años.
La inteligencia también vale en el amor
y debe ser una especia que bien sazone
los ingredientes de la locura.

Soliloquio lunar

Para José Javier Martínez Moreno

Hoy me siento más solo que en otros plenilunios.
Preciso especialmente más claro tu cariño.
Pero no, no te asustes, que no voy a pedirte un imposible.
Con el tiempo he aprendido
a medir el tamaño de los sueños y de los sentimientos:
¡más leves que la vida, de por sí tan etérea!
Aunque pueda engañarme ¡tantas veces! en esto del amor
(la mente tiene oscuros laberintos
y pierde la noción de lo evidente, y de los imposibles que la
/habitan,
con bastante frecuencia, y así llega a creer
que se puede forjar la estabilidad del mundo,
del mundo,
            que se cae, sin cesar, bajo nuestros pies,
                        pies de arena),
lo que en verdad te pido, más allá del engaño, es tan sencillo
como que me concedas el gesto de encontrarme con tu mano,
tu mano, que se preste a la caricia, por una noche eterna.
O ¿por qué no? unos meses. Ampliemos la oferta
a unos meses eternos.
Aunque luego suframos mucho más,
porque el hábito engancha,
y sobre todo el hábito de dos almas un tiempo apuntalándose.
¡Que están tan solas siempre,

tan condenadamente solas siempre,
aunque acepten su suerte inevitable con crudeza!
Ahora tan sólo pido que me mires,
y que por hoy desees lo que también deseo:
una nueva caricia en esa habitación común, única, nuestra;
un fiel acercamiento intenso de los cuerpos,
hurgándonos los tiernos lugares del amor,
por si acaso encontramos el misterio
de la perenne unión.
Tenemos el sagrado derecho de fundir
estas nuestras impuestas soledades
con la luna y el cielo,
para intentar ser uno, sólo uno (que es ser todo y ser todos)
y trasponer así la angustia de la vida, que aleja, siempre aleja.

La pérdida de Palinuro

la vasta y vaga y necesaria muerte.

(Borges)

A Antonio Durá, en su particular naufragio.

Sin saber cómo ha sido,
se alejan de tu mundo tus fieles amistades.
(Hay destinos oscuros que llamamos azar,
con causas encontradas que detonan
en ausencias, en tristes desencuentros
y en finales que son ineludibles.)

Duermen profundamente tus remeros.
Un insano destino (que tan verdad se muestra
porque en nada se nota)
baja hasta ti y te ase.
Sigue lenta y segura la flota su camino.
En torno blanda paz, paz engañosa,
madre de la tragedia.

Viene el dios en tu busca,
mísero Palinuro, dulce amigo
que hoy te llamas Antonio;
te viene a destruir.
Se sienta en las banquetas del mostrador oscuro
de un bar de carretera (como ayer en la popa

del barco del troyano),
toma rasgos hermosos, juveniles, exóticos:
los rasgos del deseo, y tu destino.
«No estés inquieto», dice sin decir,
«finalmente el amor, ¡que ya era hora!,
ha venido a tu encuentro.»

(¿Te habla o te lo imaginas?
No estás aún muy seguro, pero insiste:)
«Deja en manos del dios el gobernalle
del barco de tu vida maltratada.»
Y te guiña los ojos, esos ojos
que hacen que luzca en la oscura noche
de nuevo la ilusión.

No te entregas de golpe y le contestas:
«¿Me pides que me olvide del mundo entre tus brazos?
¡Conozco los intensos abrazos amorosos
y todo lo que oculta su apacible calor,
la gozosa inquietud del deseo inicial!
¿Supones que ahora debo (olvidándolo todo)
fiarme de una nueva felicidad, así,
tan de golpe ofrecida, tan prodigiosamente?
Ya he sabido bastante del disimulo humano
y aun del engaño honesto.»

No suelta el timón tu mano enfebrecida todavía.
Te repliegas más bien, sobre ti mismo;
los ojos más abiertos que nunca los pretendes,
y fijos en lo alto, en las estrellas.
Pero el dios te ha tocado
las sienes con la rama humedecida
en la miel del Leteo.

Súbita languidez se aposenta en tu espíritu.
Y empiezas a creer ya en sus palabras
(torpes por extranjeras);
a fijarte a sus gestos de apenas veinte años
(una fiesta, a tu edad);
pronto a precipitarte (¿de cuánto eres consciente?)
en las aguas tranquilas
de sus ojos oscuros y amorosos.

La noche aún no declina y te promete
sudores de delicia y tactos renacidos.
Sentirás la pasión una última vez y su hipnotismo,
aunque cueste la vida (que sólo esa es la paga).
Has caído de cabeza en las aguas oscuras
y ni tus compañeros te vemos naufragar.
Sigue lenta y segura la flota su camino.
Ya estamos lejos, tú te quedas lejos.
Hay designios antiguos y causas encontradas
y un oscuro destino tan verdad
que no lo percibimos.
¿Por qué estamos pagando?
¿De quién somos la víctima inmolada?
¿Cuándo sabrá tu fiel amigo Eneas
(hoy se llama David)
que la nave navega a la ventura,
sin piloto, y no hay tiempo
para el reencuentro, sólo
para gemir amargamente con
el alma traspasada
por la desgracia infértil del amigo?

Ibant obscuri sola sub nocte per umbram.

El amor más verdadero

A Ángel Paniagua.

Tú eres el amor más verdadero
cuando llega la noche y él busca tu sonrisa,
blanca como el azahar de su almohada
al que renuncia por tu insomnio alegre.

Tú eres el amor más verdadero
cuando llama el teléfono y le indica
que es hora de salir, que hay un bar nuevo
para el centro del naipe
donde alargarte en lirio de la noche.

Habla, el lenguaje de los trovadores
de tu amor, un lenguaje de consignas,
cerrado, que le indica, al iniciado
en tu fe, que ya rondas, que te acercas.

Se viste acelerado y se marcha a tu encuentro.
Las demás amistades ya no tienen sentido.
Puede perder por ti la educación más alta.
De ti depende todo y nada más desea.

Le es eterno el comienzo de la noche,
su queda expectativa:
cuando sabe que va a tenerte ante sus ojos,
aspirando tu esencia grano a grano,
blanco camino de sus inquietudes.

Finalmente un amigo te saca del bolsillo
—oculta maravilla perseguida,
fruta de salvación para su aliento—
y así, su entraña toda, como un nuevo mar rojo,
se le revuelve y brama, descentrando los ejes.

No contento con aspirar tu lodo,
te refriega en la encía de su boca
y te besa la punta de su lengua,
subrayando en el ámbito del rito
su entrega sin reservas, sin vergüenza,
ante el grupo secreto de tus otros devotos.

¡Cómo no ha de quererte,
si tú le das la sed que lo sostiene
acodado a la vida copa a copa,
con una lucidez indefinida:
lo vuelves semidiós y puede con el mundo!

No le quiebra la fe en tu pureza
todo el quebrantamiento de la vida
que tú le das,
ni todo el abandono de su entorno,
que deja negligente
por darse sólo a ti: tu amor lo exige.

Ya no desea la luz de la mañana,
ni la serena paz de la lectura,
no busca el cuerpo claro del amor
ni la tranquilidad del coloquio amistoso.

En nada piensa, inquieto, en nada piensa.
Eres su solo amor y a ti se entrega.
Si tú le das la muerte, más te quiere.

Atardecer del yonqui

A Uchi, por aquel crepúsculo rojo indeseado.

Miro por la ventana el crepúsculo rojo. Cada día
más, me va oscureciendo su resplandor nocturno;
rodeado por los hilos de tiempos inconsútiles,
que me envuelven y ovillan sin volverme crisálida.

No hacen ruido las puertas, nadie viene
a saber de lo oscuro inevitable, a salvar lo imposible.
En la calle se acaba el flujo subterráneo
que encendía en sus fuegos y en su estruendo
la maquinaria toda de este mundo y su caos.

No puedo articular ni una palabra.
La boca se consume, la mandíbula
se descuelga. No hay pan ya que comer.
¿Dónde se han ocultado las agujas del canto,
ese flujo que armaba de vida artificial las venas escleróticas?

No puedo perseguir (se me embota el cerebro)
el último gorjeo de los pájaros solos en la hierba:
sólo el grito final antes del gran silencio.

Los terrores perennes del camino hasta hoy, se multiplican;
y el temor a lo alto (ausente y juzgador) se junta con el miedo
a lo bajo y presente. Y no llego al descanso todavía.

Florecerá el almendro, a pesar de las nieves en febrero;
y será nuevamente la langosta una carga terrible para el árbol;
pero no hay apetitos que aten a la vida para siempre.

Los tiempos se consumen y el tiempo permanece.
Se quiebra la cadena de plata tras la mano corrompida.
Se rompe el cuenco de oro y el cántaro en la fuente.
Vuelve el polvo a la tierra, tal como era.
Y el espíritu (¿qué será el espíritu?)
vuelve a Dios, ese nombre de impactante vacío.

La muerte de don Juan

La crujiente cabeza resonó en el asfalto
abriendo un paraíso de paz inenarrable,
una onda expansiva de quietud infinita.
Se quebraba el cerrojo
de la puerta del mundo.
Las sombras importunas de la noche, las tribus enemigas,
abrían silenciosas dos hileras
por las que atravesar el callejón del frío.
Y Jota, que pasaba;
sin encontrar esquinas,
sin navajas que aguarden.
No había escupinajos, ni insultos, ni temblores
apenas contenidos por la honrilla del macho.

Jota ya no pensaba.
Jota no recordaba los Mejías chuleta, los cobardes Octavios,
las Elviras histéricas.
Huía sin sentir el rubor de la huida.

Al morderse la lengua y degustar las heces
de un suelo innoblemente humedecido,
notó que por las venas
una nueva sustancia, más rica y poderosa,
se enroscaba al espíritu, lo chutaba a los astros.

No podía mirar los cielos encendidos de la noche,
pero no era preciso,
porque estaba subiendo, a habitar
aquel confín inmenso, para siempre
la alma región luciente
que no fallece al hielo ni a la rabia
del puño traicionero que fertiliza el mundo.

Jota traspasa el aire
todo, y se hace el silencio,
el imperecedero silencio de la muerte: el son sagrado.
No busca al gran maestro de la armónica lira.
No hay más mar de armonía
que la desconexión, el desmayo dichoso,
el dulce olvido, aquel bien de la nada.
Y en el mundo, silencio:
ni una breve noticia en el periódico.

III   El sueño

La fotografía

I

Es una extraña foto
que tengo desde hace mucho tiempo.
Puede que sea una oscura seña de identidad.
Intuyo (aunque parezca una locura)
que está conmigo desde que nací.
No sé si eso es posible.
                              En cualquier caso,
me es una imagen tan habitual, tan conocida,
que no me ha preocupado
apenas con el paso de los años.

Quizás por esa despreocupación
nunca me he dado cuenta hasta hace poco
de que se hacen manchones,
que se corre la tinta, y que las caras
primero se emborronan, luego desaparecen.

Antes pudo ocurrir en alguna ocasión.
¡Es una foto tan abigarrada,
que si hubo con los años alguna que otra pérdida,

no me habré percatado,
no he estado atento a lo que significa!

II

Pero desde hace poco
me inquieta si la observo,
y a la vez ha crecido mi tendencia a mirarla.
Es como una obsesión.
Porque van siendo muchas las ausencias
que detecto, y se dan más y más rápidas.
Va clareando el mundo de la foto,
de los que me rodean:
porque yo estoy en ella,
en un lugar que sólo yo descubro,
y siempre con la exacta edad con la que miro.

Las ausencias me están dejando solo,
con una soledad que hiela las entrañas,
con el tiempo agotado,
clausurado mi espacio,
en el blanco silencio,
que se me amplía entorno día a día,
que se me hace evidente, inasumible
cuando atañe también a las personas
que han estado a mi lado
todo el tiempo en la foto, y me arropaban,
y ahora ya no están.

Me encuentro cada día más envuelto
en la frialdad de su feroz blancura.
Y pienso, sólo pienso, no puedo evitar pensar que pronto
desaparecerá también mi propia imagen,
que es natural volver al blancor absoluto.

Nueva eternidad

I

En estos nuevos tiempos de cine, tele y video, ¿creeremos algo más, y con más peso que en tantas otras ocasiones previas, en la inmortalidad?

Ahora que vemos —como nunca en los tiempos del pasado— a los muertos hablarnos, moverse, provocar; ahora que nos sonríe, cada vez que queramos poner el DVD, la hermosura felina de la Monroe, y el socarrón destello de la mueca de Bogard nos deslumbra, ¿creeremos algo más que tantas otras veces en la inmortalidad?

II

Pero ¿de qué inmortalidad hablamos? ¿Qué hay de nuevo en mostrar los ecos de las sombras, en sostener los vientos enmarcados, en congelar la llama en celuloide, verla arder y moverse en esa gelidez de la pantalla, sin que pueda quemarnos?

¿Una vez más daremos la vuelta al remolino de todas las imágenes, que aún quedan, de vidas ya fugadas; y nos empeñaremos en decirnos —ingenuos— que perduran en un etéreo mundo virtual, ¡que ahora por fin sí vemos! (no como en los elíseos del pasado); y en esa borrachera de empeños seguiremos pretendiendo por siempre al hombre eterno, hasta la muerte?

Así que, decidme, ¿de qué eternidad estamos hablando?

III

Los muertos escogidos, los que fueron los hombres que más se hicieron ver (artistas, y cantantes, y santones) y también esos otros que habitan en los videos culinarios, con el rito diario del sofá, y de las palomitas, ante ojos que se gastan en nieblas habitadas por las ondas eléctricas, todos ellos están ahí después de muertos, ahí están en esas cintas largas, kilométricas, del sonido y la imagen, ahí los apuntalamos (más que nunca otras veces lo estuvieron —por el obstinado recuerdo y por los libros— otros muertos antiguos), porque estamos en la nueva civilización que ha fijado la fugacidad. ¿Y de qué sirve? ¿Y en qué nos alivia de la muerte?

IV

Están ahí, después del estallido, del desfonde, del coladero mareante y turbio de las aguas de la vida. (*Brich mein Herz, zerfliess in Tränen*). Las aguas que se van, como leve chorrillo, escapando a los cuerpos, volviéndolos quietud definitiva, sequedad salinosa para aquel ser de azogue que un día fueron; y para nuestro asombro, antes de la disgregación de los millones de partículas que se repartirán por otras formas del vivir pasajero.

Y después del gran chasco, de quedarnos un día con las manos vacías, ausente ese cariño, esas caricias, esa sonrisa, ese hablarnos al oído o mirarnos fijamente, que no será ya más para nosotros, ahí están todavía flotando —no sé bien para darnos qué— esas ilusiones vacuas: esas frases siempre las mismas, esos gestos clónicos, gracias a los técnicos de los medios audiovisuales.

V

Ahora que ya tenemos una legión hermosa de muertos que nos hablan y que dicen querernos con esa fiebre eléctrica de las nuevas pantallas; ahora que las voces de los grandes cantantes no se extinguen; ahora que se perpetúa también cualquier horror que se perpetra, ¿qué nueva fe se instaura, con estas nuevas ciencias, respecto a lo de siempre, la pregunta del miedo que da norte a las vidas de los hombres?; ¿qué sentimos de nuevo?; ¿qué creemos ahora de la inmortalidad de que hablan los teólogos?

VI

Tan sólo y como siempre, que no hay nada en el viento, en las voces ni en los gestos. Y nuevamente y siempre, que el morir es rotundo, inevitable, y certero, y oscuro; y que también esta prolongación en la nueva mentira del vivir, que es el soporte electrónico de la imagen, tendrá un día su particular catástrofe: catástrofe sin importancia, pues no hay carne que perder y que pudrir.

El hombre sigue estando, con video y DVD, en la punta de un diminuto instante (que le dan), sometido a los vientos y a las furias, condenado a caer, a caer al abismo desde la cima del inestable ser en que se encuentra. Para pasar así de un sueño al sueño de otros, sin saber nunca nada de la tela sutil que podría quizás sostener una forma —su forma— eternamente, pero que no es sin duda el celuloide, ni lo es el vinilo, ni el metal del CD, ni la carne y la sangre. Y, mientras, nos seguimos preguntando: ¿y qué será el espíritu?

Variaciones Goldberg

Al viejo Conde Keiserling,
ya conde del insomnio (su única morada),
luchador abatido por el combate diario del vivir,
sólo las suaves y potentes manos del joven Gottlieb Goldberg
podían conjurarle los íncubos feroces
por tanto despilfarro de ansiedades,
por tantas injusticias y por tantas traiciones
que le ponen tizón en la mirada.

El joven, que se duerme con prontitud bisoña,
se alza de su lecho con la celeridad de esclavo cariñoso
cada vez que el buen Conde
intenta conciliar inútilmente el sueño.
Con firme voz alzada e insistente
llama a su bien dispuesto, dulce clavecinista,
que sale del pesado pozo de sus ensueños
de juventud ingenua, esperanzada,
con ojos legañosos y párpados pegados,
dispuesto a ejercitar su obligación.

El virtuoso chiquillo se acerca a su teclado
y espera nuevas órdenes precisas,
que siempre se repiten:
«Toque mis variaciones, muchacho.» Y atacando
la música del genio,
la luminosa música de Bach,

se va ovillando el Conde sobre sí mismo en un rincón del cuarto,
olvidando la vida,
mientras que el joven Goldberg,
con su brillante ejecución precisa,
va despejando el rostro y el recuerdo,
aquel firme recuerdo
bello para la historia de la música:
el obsequio al Maestro del viejo Embajador,
el Conde ya dormido,
por estas variaciones saludables,
los cien luises de oro en la copa de oro
por estas impagables variaciones de Bach,
lenitivo perfecto a la imperfecta vida.

Coloquios crepusculares de Michelangelo Buonarroti y Vittoria Colonna

Para Luis Antonio de Villena, en éste su mundo.

Se han retirado juntos, a vivir en el campo.
En un viejo molino de agua, hoy remozado.
¿Cuáles son sus deseos a esta provecta edad de su vivir?
¿Qué buscan?, ¿una vida
alejada del mundo? ¿No es una paradoja?
Aunque cualquier opción, vivir o desertar
de la vida, es lo mismo. Sí, lo mismo.
Todo acto de los hombres
se encuentra en el camino de la muerte.

Además no son ellos de esos seres que temen
la multiforme cara que nos muestra el misterio
de la existencia humana con sus límites.
Ambos (buenos amigos) ¡han pasado ya tanto!,
¡han sentido ya tanto!, ¡han poseído mucho!
Se guarda en el registro
oscuro de sus ojos marchitados
el fulgor de un vivir tan rico que podría
alimentar sus sueños hasta el sueño real, el sueño último.

El lustre de la sangre de Vittoria,
la amistad del Emperador de España,
el recuerdo del joven capitán, su desposado, a quien cantó Ariosto,
podrían aún llenar todas las noches de la anciana Colonna en su retiro.
Y al tosco Buonarroti, su gran arte y sus versos,

con el largo rosario de *amoretti*,
podrían darle aliento y fortaleza en su postrer vivir.

Pero, no sé por qué, no caben los recuerdos
en las conversaciones que mantienen los dos anacoretas
cuando llega el crepúsculo;
y en sus peregrinajes por el dulce país de la ternura,
sólo tiene lugar la ascética cristiana:
un ardiente deseo de que el mundo del alma
mejore por milagro,
milagro que podemos llamar o fe o bondad;
o aún mejor, Amor: el más alto de todos.

Confían en los hombres, después de tanto engaño,
y pergeñan sus mentes
(nada ingenuas por cierto, si bien necesitadas
de esperanza y más vida)
una filosofía de verdad salvadora.
Pero en sus rostros nobles y maduros
(que creen, y que se aman en espíritu)
una sombra interroga y borra el entusiasmo
que ilumina sus labios,
una sombra fugaz, que ellos no reconocen,
que confunden quizás
con la sombra del monte que atardece,
cada vez que se sientan a charlar
a la puerta del viejo molino remozado;
una sombra que crece
por donde cae del crudo monte una
sonora y fría veta de agua dulce.
Y la sombra se extiende,
y los posee, sin que ellos lo sepan, cada noche.
Es Medusa, que nunca deja en paz a sus hijos.

Doña Vicenta en la foto

Se ve a Doña Vicenta satisfecha y feliz
por los constantes éxitos del hijo—
aunque una oscura sombra de tristeza
tira un poco hacia abajo de sus cansados párpados.

En todos los periódicos
hablan de Federico: un ser excepcional.
Y es tan bueno conmigo
—piensa. Es lo que le importa.

Con su leve sonrisa quizá esté recordando
que siempre que anda fuera
(si en Madrid, o hace poco en la Argentina)
invita a los amigos
a celebrar el día del santo de su madre
(suave presencia ausente) con dulces y cafés.

Pero ella habría querido (aunque no lo formula
de una manera explícita:
lo siente el corazón,
un pinchazo que viene de una angustia
que es ilocalizable);
ella habría preferido
un hijo más normal, y no tan gran poeta.
Mucho menos en boca de las gentes,
porque las bocas pronto se disparan y hablan
más de lo que los límites de la prudencia piden.
Y más aún con la envidia.

¿Sólo ella le ve, a su Federico, el quieto desamparo?
Hoy, juntos, apretados en el viejo sofá, para la foto,
Doña Vicenta nota la sola cercanía de su vástago,
el brazo de su permanente infancia,
siempre esperando el faro de los ojos alegres de la madre,
para darle confianza,
y ofrecerle la vida una vez más.

Todo está recogido en esta hermosa foto,
donde doña Vicenta no ha podido evitar
(agriando su alegría satisfecha)
la tristeza profunda por el hijo,
más allá de los tiempos, notoria para todos,
para mí, que no conocí a ninguno
y décadas después, y por azar,
en la reproducción mala de este periódico,
donde hablan del encuentro de unos cuantos poemas nuevos de
/García Lorca,
dejo caer mi vista casualmente sobre unas rotas almas en su
/triunfo.

Miguel Utrillo, desde un cuadro de Rusiñol

A Mercedes Replinger. Gracias por el cuadro de Utrillo.

«No sé muy bien qué extraño privilegio
me permite observar desde esta tela
— muerto ya y enterrado tantos años,
tras el lejano invierno de mi vida de tísico.

»Y veo a estos muchachos,
apaches indolentes con pendiente y cabeza rasurada,
que visitan mi imagen, en este frío museo, por azar del turismo.
Mis ojos, aun tachados
del negro sinsentido de la muerte,
los pueden observar.

»¡Qué extraña sensación escuchar sus palabras y entenderlos!:
Su vacía existencia —que se harta de mirar
por el flujo hechizante de imágenes eléctricas,
sobre esas diminutas pantallas digitales, instaladas
en el centro neurálgico de sus jóvenes vidas—
es siempre la vacía existencia del hombre.

»El tedio del vivir.
Aquí, en las frustraciones de estas nuevas criaturas
— que acelera otra música salvaje
y otras nuevas substancias psicotrópicas —
aquí también observo, como siempre,
que el vivir (el anhelo de los ojos,
la locura sin fin de la esperanza)
es un oficio raro
que el hombre nunca aprende en plenitud.
Y su melancolía es un oscuro huésped, pertinaz,
que siempre se nos cuela
por la pequeña puerta de cualquier goce incauto.»

El viejo relojero

A Julio Roca

El príncipe de Yuste, con sus manos de artrítico
sigue uniendo las piezas con inútil dolor.

De todos los confines del mundo conocido (hace poco ampliado)
traen en las faltriqueras los jinetes reales
barriletes, volantes, ruedas de las coronas,
áncoras y trinquetes.
Las más variadas piezas
se albergan en las bolsas de terciopelo rojo,
en piafantes caballos
por los valles del mundo.

Quiere el emperador metido a monje
dominar el misterio artesanal
que iguala los espacios temporales (insondables y eternos)
con los espacios curvos del reloj:
el exacto latido de los tiempos pautados en la máquina.

Se obsesiona y no acierta, ¡pese a la dignidad de su persona!
Se avergüenza y se empeña:
¿Hasta dónde apurar la exactitud en fuga?
¿Cuál es el intervalo mínimo que es medible?

El que fue emperador de todo el mundo
quiere encarar ahora (loca empresa) los órdenes del tiempo.
Noches y días busca el triste viejo
el unísono son, la exactitud que le huye y abomina

de las manos humanas (incautas y febriles).
Noches y días busca enloquecido
la concordia absoluta
en todos los relojes del monasterio adusto.

Y toma entre sus manos el eje de una cuerda
y le habla llamándolo Lutero
(confusión comprensible,
hombres y cosas son todo lo mismo para una voz de mando)
y lo quiere obligar a centrarse en la máquina,
y a cumplir el designio de sus marchitas manos de monarca.

Y luego coge el eje de un volante, que tiene el nombre egregio de
/Francisco,
y lo quiere enfrentar (el viejo loco)
con el papa (una aguja minutera)
y también con los turcos (un puente de rodaje),
que se quieren negar a ocupar su lugar, el necesario
para que el mundo marche en armonía, en el tiempo, en su tiempo
según la pauta insigne, el de la hora exacta: la del emperador.

Se pone a conversar con la rueda de escape
sobre Túnez y Argel;
y con reguladores de marcha, sus banqueros.
Así le llega el alba, sin haberse dormido.

Y al comenzar los rezos matutinos en la nave del templo,
se duerme reclinado, extenuado
tras tanta obstinación impertinente,
sobre sus sarmentosas y retorcidas manos,
rodeada su cabeza y atestados sus sueños
con los cientos de piezas que no encajan,
imposibles, rebeldes,
otros nuevos fracasos que añadir a aquellos ya famosos de Innsbruck
/y de Worm.

Las aguas del dormido
(*El Sueño de Escipión*, siglo XXI)

> Hay un cierto lugar determinado en el cielo.
> (*El Sueño de Escipión*)

> A Jaime Siles, tan cercano.

I

¿Vuelve el alma a los fuegos eternos de su origen?
¿Qué ley engendradora de los hombres
se ha roto en estas horas de la noche,
cuando me desentiendo de mi sede doméstica,
de las pautas del tiempo? ¿A qué me acojo?
¿Cómo entro en la nube, suave, y tan espesa, del encuentro
con la oscura aventura? ¿Quién me empuja?
Me libero. No sé muy bien el modo, me libero
de las ansias del riesgo y lanzo el vuelo alto,
donde no sé caerme. ¡Qué firmeza!

II

Con la oscura partida, diluyen su atractivo las pasiones.
Y una virtud divina, que me asiste,
derriba las estatuas erigidas en plomo por el día.
Los laureles del triunfo están marchitos
en esta laxitud sin latitudes:

sólo hay hojas de verde adamantino
que sostienen, eternas, el frescor inconsútil del relente.
Ahora, que me elevo a nuevo esfuerzo,
no sé reconocerme como el hombre
que alienta en la vigilia.

III

Cruzo, ¿cuántos umbrales, cuántos sitios?
¿Son sitios, son lugares los que cruzo?
En este otro moverme, ¿existe el cielo?
Recorro con celeridad las órbitas.
¿Qué veo? ¿Qué imagino? ¿Qué me engaña?
¿Me encuentro los planetas?, ¿los traspaso?
¿Hay caminos y rutas y hay regresos?

IV

Me he olvidado de todo. Cuando vuelvo,
nada alienta en el horizonte blando.
Un bulto que ¿soy yo?
Una casa de noche y en lo oscuro,
anegada en quietud, en pétreo ensueño.
¿Es mi casa? ¿Y regreso?
¿De dónde puede ser que vuelva ahora?
No he visto ningún círculo que brille
con blanco resplandor entre sus llamas.
No he sentido el abrazo de mi padre,
que me acoge en su seno eterno y puro.
Me instalo, ahora, otra vez, en un cuerpo de piedra.
¿Es mi cuerpo? ¿Quién soy, yo que retorno?
¿De dónde? ¿A dónde fui y ahora regreso?
¿Para aprender o confirmar qué alientos?

V

Me tumbo junto al cuerpo que descansa.
Me fundo con el cuerpo que reposa,
sin saber nada al fin. Todo está oscuro.
¿Qué es esta oscuridad de mi regreso?
¿Adquirir la consciencia de que no hubo viaje?
¿Saber, con mi dolor de ansias frustradas,
que sólo alzo la frente desde un sueño,
al aire de la vida, sobre un agua durmiente?

IV   El nudo

[¿Fue un momento irredento...]

¿Fue un momento irredento
aquél? ¿Abandonamos la fuente de la gracia
y el cerrado jardín donde todo se ignora,
para entrar en la deslumbrante luz de la humana conciencia?
¿Cruzamos una puerta que se desmoronó sobre su entrada
y nos dejó atrapados para siempre?
El congelado atisbo de lo que es el vivir, y el cabo de la muerte.

¿Se nos concederá el perpetuo momento
de la inconmensurable eternidad?
¿Se nos otorgará, tras habitar los odios,
una plena alegría perpetua de sentir?
¿Qué hay tras la calderilla cruel del desencanto,
tras el hierro heridor de las desgracias;
la oscura sinrazón de la razón,
que está en la santidad y que está en la perfidia;
junto con esa dosis terapéutica
de risa, de sarcasmo, de ironía
que triunfa para darnos respiro en el fracaso de la vida?

Sabemos de este fuerte nudo que nos ata,
del gozo y la desdicha del amarre a la vida—
la vida, este noray que un día se hace arena
y nos deja enfrentados al muro negro, al agua inmóvil, a la calma perfecta.
Sólo esto sabemos. Pero esperamos más.

> ... ¿y por dónde andamos todos?
> Todo es rebaño que anda sin llegar más que a nosotros.
> (Juan Ramón Jiménez)

NOTA ACLARATORIA

Los libros que escribo suelen tener una idea matriz, y luego se me expanden y ramifican sin que pueda contener el proceso. La idea originaria de este fue el mito edénico como testimonio fundacional del animal que despierta al conocimiento. A todos nos toca pensarlo alguna vez, y a mí me ha llegado a obsesionar que la conciencia apareciera como una *perversión*, en nuestra naturaleza, y que representara tantos cambios para los animales despiertos en que nos convertimos. Aparecieron sentimientos inéditos. La soledad que se sabe nacida para la muerte convirtió al hombre en el animal más triste. Pero la conciencia reportó logros y alegrías, que también se testimonian en este libro. Al parecer somos los únicos animales que reímos, y somos los únicos que ajustamos nuestros movimientos (de cuerpo y de mente) a los ritmos de la música. Con ritmos, que son música, nos hemos hecho creativos. Según Novalis, «toda enfermedad es un problema musical; toda cura es una solución musical.» Posiblemente por eso, siento como uno de los lugares centrales de este libro las *Variaciones Goldberg* (pudieron darle título, y así me rondó por la cabeza), la creación bachiana terapéutica para el insomnio del Conde Keiserling que se convierte en una de las cimas de la creación musical de todos los tiempos. El ritmo como escritura poética está en la base lenitiva de todo libro para la tristeza humana, y este quiere serlo. Una serie de cuadros del misterio entretejido: la presencia sobre la tierra de un animal que se sabe vivo, que se quiere superar día a día, creyendo que será un dios, creyendo que tiene derecho a serlo; aunque todavía arrastra una sombra negra, un *nudo* de preguntas irresueltas, sin horizonte.

DEL TIEMPO DE
ANIMALES DESPIERTOS

(2002-2013)

El misterio de Polidori

Te empeñas en el rito:
en la pluma de ave y el tintero barroco;
¿para dar majestad a lo que escribes?

Haces el gesto antiguo, reiterado.
Buscas la bendición que no sabes de dónde ha de bajar.
Empiezas la escritura con el alba y sigues en la noche, pertinaz,
buscando soluciones y siempre tropezando.

Al desacierto le llamas metáfora,
y a alguna torpe unión, un logro sinestésico.
Te engañas, Polidori, siempre te engañas,
y el resultado es mofa para los otros, locura para ti.

Nunca sabrás por qué (¡qué oscura desazón!)
no baja a tu despacho la musa, aunque le pagues
con moneda de estudio permanente.
No logran la insistencia ni el empeño
colmarte la ansiedad de encontrarte mañana
uno más en la lista de todos los poetas que adoras y maldices
por no ser uno de ellos.

Pero no hay luz en ti, oscuro secretario de lord Byron,
y nunca serás nada.
¿Quién nos puede explicar los dones de la musa,
las ganancias de su capricho?
A un incauto inocente, que no busca, le proporcionan éxitos;
y el que se esfuerza el doble, y lo merece, nunca obtiene ganancia.
La creación es jardín inexpugnable, y todo el que se empeña
consigue un resbalón y un tobillo torcido.
En cambio es generoso don liviano
al que se muestra indiferente, incauto e inocente.
Una brisa que se alza una mañana
inesperada y humedece las honduras del espíritu reseco.
Nadie sabe por qué ni de qué modo.
Es así en la escritura, como en tantas ocasiones injustas de la vida.
Y, como en tantos casos de los afanes humanos,
no hay respuesta al misterio, sólo silencio
para poder instalarnos
en la perplejidad de esa ganancia injusta y de ese desastre injusto.

EL SUEÑO DE UNA SOMBRA

(2019)

¡Seres de un día! ¿Qué es uno? ¿Qué no es? ¡Sueño de una sombra es el hombre!

(Píndaro)

No soy más que voz y fantasmal figura de un nocturno sueño.

(Eurípides)

¿Qué es la vida? [...] una sombra.

(Calderón de la Barca)

Nuevo pórtico

Escribir otra vez

I

Escribo la poesía de cada amanecer,
y procuro dar forma al naciente suspiro de la vida,
a la oscura inquietud de sentirme de nuevo en una tierra extraña,
al sufriente silencio de todo lo perdido,
aquel ayer fantasma, que renace,
hondo pozo de polvo en que me abraso
y se mezcla a la angustia
por todo lo que aún pueda aguardarme.

II

Escribo la poesía de cada anochecer, ¡fugitivo noctámbulo!,
y doy voz a los gozos que tanto se retardan,
que apenas se prodigan: un río detenido en el crepúsculo;
los gozos, cuando todo acaba serenándose, por solo unos instantes;
el contrabalanceo de la pena insistente y cotidiana,
ese estilete que hurga en la herida del mundo.

III

Aún escribo poesía. Para testimoniar
la aceptación serena, la inútil rebeldía,
el lamento callado,
el lento marchitarse de las flores,
su goteo de pétalos, los restos del naufragio,
la plegaria imposible,
con el asentimiento de todas las derivas
de la vida: a lo bueno, a lo terrible.

La poesía de a diario

I

Lloro aún sobre la letra,
compongo las migajas
con que doy alimento a mi existir diario.
Pregunto por el fin de las catástrofes
desde siempre anunciadas.
                              Y canto, como puedo,
este oscuro misterio indescifrable
al que solo me acercan las llaves de la fe.

Que escribiendo poesía, los hombres compartimos
la certeza del cálido sofoco del destino,
anotando el aliento
de tantos que se ahogan
y aún hacen por vivir,
por sacar nuevamente y por última vez
el cuello de las aguas de la noche.

II

Damos voz y sentido a lo que no sabemos si lo tiene.
Revive la sorpresa sobre el folio
y testimonia el día inesperado,
el sol que nos deslumbra,
la espuma de los mares,

la sal de la alegría,
los mundos y las pieles que tocamos,
el pacto de la boca enamorada,
las hieles de la frente.

III

Hacemos la poesía de a diario
—la de carne o de letra, ¡qué más da!—
para dejar constancia
de todas las perplejidades vivas,
del viaje que nunca soñamos iniciar, y aquí tenemos;
este viaje tozudo,
que a veces nos levanta y a veces nos derriba,
tregua a tregua,
sin saber si nos lleva a alguna parte.

I   Crónica del desterrado

Horaciana

I

Deja al tiempo pasar
suavemente.
          Indiscreto con la vida,
observa sus detalles,
sus pequeñas promesas,
que te ofrece a diario:

El sol, cuando amanece
y propaga alegrías regaladas;
la nube impertinente,
que le pone festones de tristeza por momentos;
el resonar de unas pisadas huecas
como miedo de iglesia,
por las calles de una nueva mañana;
un café calentito
en un bar con vaharada que te acoge:

lo fugaz cotidiano que te ampara;
y el silencio expectante de una lectura nueva,
también una sonrisa inesperada,
una llamada, un whatsapp,
las miríadas de un sueño.

II

Ahora que el tiempo apremia,
o que el tiempo no existe
apenas, pausa el ritmo
del placer cotidiano.
                              Date cuenta
de todos los detalles que pasaste de largo
cuando la vida no te daba tregua,
cuando era siempre tarde
para los nuevos objetivos puestos.

Defiéndete de aquello,
ahora que te es tan fácil,
porque lo pide el cuerpo,
lo exigen las estrellas
                              y el silencio,
también la soledad,
que ya son tu horizonte.

Un cielo de recuerdos

Mira al cielo. Destella inexistencias.
Son luces tras la muerte. Y él las mira
sin entender que pueda aún contemplar
ese cielo de estrellas
en un tiempo que ya no las asiste.

No, no es que todo pase,
es que el pasado insiste,
para que pueda aún verse
y se pueda gozar:
aún existe en su mente (prodigiosa)
la original sonrisa, los ojos candorosos,
las manos anhelantes,
su belleza dormida,
el tacto de su piel suave y tibia,
aquella piel que entonces poseyó,
                              días y días,
aquella piel que entonces tanto amaba;
y que hoy, aunque de forma incomprensible,
revive en la emoción.
                    ¡Tanta verdad,
tan clara y estrellada,
tan real nuevamente en el recuerdo!

En las horas amargas

¿Será porque se ha ido
quien asentó mis pasos en la tierra?
(Antonio Machado)

Mira con desconcierto
ese vaso de siempre,
ese cristal tallado que le gusta;
y el agua cristalina, pura y fresca,
tantas veces bebida, tantas veces ansiada.

Porque hoy, sin embargo, el trago sabe amargo,
inesperadamente muy amargo.
¿Qué lo ha cambiado todo?

El reloj se ha invertido.
Sin luz el horizonte,
la vida se convierte en puro latrocinio:
le quita y no concede.
¿Aguas de la amargura ahora todo,
cualquier gesto que inicie, cualquier sueño?

No, la vida aún le da
sus regalos de otoño.
En el jardín, el ave
del paraíso, hoy mismo,
ha vuelto a florecer.

Ananké

I

Cada mañana encuentra
piezas sobre su mesa,
¿el regalo del día?

Dispersas, en desorden,
surgidas ¿de qué nada?

Se obsesionó durante mucho tiempo
por ordenar el caos matutino,
como si fuera un puzle,
                              pero era vida.

II

Olvidado del sol, cuando amanece
con esplendor de teatro
en el alba desnuda;
olvidado del fresco vientecillo,
que levanta una queja
suave por la piel
cuando quiere vivificar su rostro;
olvidado de ese paseo siempre pretendido,
¡de haberlo dado, tan gratificante,
pero nunca era el caso...!

Estuvo obsesionado
en ajustar las piezas, en saber su mecánica,
esponjado en las ansias del deseo,

¡durante tantos años!:
un sinvivir,
un renunciar perenne
a todo lo sencillo del reloj de la vida.
Como horizonte, siempre el mismo empeño:
construirse en la imagen
que se había propuesto de sí mismo
y caer en la trampa.

III

Pero, ¿cómo guiar la rotación del cielo,
y pautar con baquetas
el paso impredecible de los tiempos?
¿Cómo cuajar la pasta del deseo
en horma prodigiosa:
la imagen pretendida y anhelada?

Durante mucho espacio no ha podido entender
que hay que seguir el ritmo de las horas
en la playa sin fin de nuestros actos;
y que las piezas se colocan solas,
en su sitio prescrito:
siempre siguen su orden natural.

Aunque no lo sepamos
(¡porque no lo sabemos!),
sin atender a esfuerzos o a intereses,
inevitablemente,
nos construyen la imagen
que somos,
                que Alguien quiere
— Señor de gavilanes y palomas —
que seamos los hombres en la vida.

De la alegre fugacidad del vivir

I

Se alza el montón de ensueños
y destellan las vidas; se combinan
esas briznas caducas, secas, pálidas,
y del polvo renace en la escombrera
la radiante diadema de lo vivo.
En un momento todo sube, todo
baja también en un momento.
Porque la vida siempre es un destello.
Un destello fugaz.

II

¡Canta a ese corazón que late un pulso!
¡Ríe con la sonrisa de un instante!
¡Instálate en lo eterno de un abrazo!
¡Sé, sediento de ser; y muere alegre!
¡Cae por el barranco de la nada,
para que te recree la fantasía de la Naturaleza,
nuevamente subiendo, ola de espuma,
puro légamo en ser, alto, muy alto.
Ser otro un nuevo instante, y luego nada.
Esplendor, estallido, aliento fúnebre.

III

¿Y hasta cuándo este alzarse, este caerse?

No preguntes, disfruta en la cadena
de las fugacidades.
Alégrate si una combinación
de tantos seres lleva al fin tu nombre.
¡Y ven a transcurrir! ¡Y da las gracias,
por los astros que pasan,
por las noches que crecen,
por los días soleados,
por esa mariposa que saluda en tu hombro
el paso de ti mismo por la vida!

Conocer es movimiento en el crepúsculo.
(Jay Wright)

Los hombres a los hombres se suceden.
(Espronceda)

II   Poetas en su madurez (homenaje)

I

El temor de una esperanza
(Francisco Brines en Elca)

> *Si me demoro en el umbral incierto*
> (Borges)

La amplia habitación en la que habita
se oculta entre las otras.
La puerta está cerrada. Detrás,
los escasos espejos
y el breve laberinto de escaleras
del caserón destartalado y triste
que sus antepasados le legaron.

Decide abrir la puerta, y se contiene.
Se podría encontrar,
esta noche sin sueño,
un oscuro pasado hecho presencia.
¿Qué le diría a esa sombra errante?,
¿a ese barco sin puerto?
¿Le ofrecería un ramo de añoranzas?

La mano se decide,
sometiendo las ansias al deseo.
Cuando abre finalmente,
el presente se impone:
un vacío absoluto,
un hielo de silencio en los pasillos.
Nadie arropa
a este huérfano insomne,
ni la bufanda negra del pasado.

II

Callejeo último
(Luis Cernuda en Ciudad de México)

«Te miro y ¡qué belleza! Los antiguos dirían que un dios te habita. Yo te he visto y, ahora que la vida ya no me apetece como antes, que siento su final, he notado al mirarte como una maravilla de torrente, que asciende por mi cuerpo, queriendo apuntalarlo y anclarlo en el vivir. Me hace suyo el deseo, en esta silenciosa mañana de verano, en la que tú has pasado por la calle, y me has adelantado sin mirar, sin darte cuenta de que estoy aquí, un pobre viejo, y que ahora tu espalda la ilumina mi mirada.

»El misterio no es sólo tu belleza, que me deslumbra como a los clásicos deslumbró tu antepasado bello. El misterio es, aún más, el que tus piernas, asentadas en la perfección de tu espalda, en la redondez de tu culo; que tu cuello, que tu cabeza rotunda como el dibujo mejor pergeñado, me devuelvan el gusto por la vida, y den sentido a todo lo que hace un momento no tenía sentido, que me eleven a la luminosidad, mayor que la del sol que comienza a calentar demasiado ya tan pronto.

»¿Cómo es posible que unas piernas bien entroncadas en la delicia, unas poderosas espaldas, unos hombros anchos como el deseo, una figura humana joven y hermosa, ¡pero al fin sólo eso!, cumplan el milagro de devolverme al gozo del mundo, a la alegría suma y a las gracias infinitas por conocerte a ti, esta maravilla de una mañana más?»

III

Para una edad desatenta
(Juan Ramón Jiménez en Puerto Rico)

A veces, en la noche,
escucha unos susurros
y se inquieta en la cama.
Son versos, que le vienen sin hacerse notar,
que lo despiertan.

Si no se encuentra atento, en el momento justo,
se pierden para siempre.
¡Pero ya no le importa, la verdad!
Les dedica tan solo una atención vacía,
la última atención,
cuando todo lo que le importa ahora
está atendido ya, sosegado, en su punto.

Tan sólo entonces el oído ocioso,
el corazón ocioso
atienden el murmullo sobrante de los días:
la escritura, el subrayado culto de todo lo vivido:
algunos nuevos versos.
Son esa espuma leve que queda tras la oreja
después del afeitado diario de los crudos sentimientos,
que nos curten el rostro
ante el espejo frío que nos mira.

Y, si aún tiene ganas
de sentirse un calígrafo del verso,
vuelve a escribir, durante unos minutos,
el verso que ahora sobra,
sin vida: todo eso que ni quema ni duele ni arrebata,
aunque hable del dolor y de la muerte.

III En el tiempo de la claridad (Estampas)

En mi fin está mi comienzo.

(Eliot)

¡Ay! es preciso avanzar en edad para conquistar la juventud, para liberarla de trabas, para vivir de acuerdo con su impulso inicial.

(Michelet)

Pérdida definitiva

Floreció entre las minas de una infancia
con avena raquítica y salvaje,
y la alcachofa tierna de los cardos,
en tierras de piritas y galenas,
con nortes de sabina.

Pronto fue todo letra, obligación,
cuarto oscuro y cerrado para él,
donde pensar los miedos y ocultarlos.
Y se prestó gustoso a aquel sometimiento,
aun a sabiendas que la vida es solo
el empeño de un día.

Hoy que el mundo lo asfixia,
todos los años falsos que han pasado,
las insanas huidas, las recias negaciones,
no encuentra aquella torre
de su vitalidad,
la mina del espíritu,
el agreste prepucio de la vida secreta,
la oscura galería que nunca transitó.
Todo lo que fue suyo, pero él no quiso ser.

(Renuncia)

Su paisaje

Cuando piensa el paisaje:
el limonero áspero, el almendro de nieve,
el algarrobo hirsuto, la higuera codiciosa,
el tomillo en el monte, el romero en el campo,
el barrón en las playas
y la luz de la huerta —
no se encuentra arraigado porque los reconoce,
sino al sentir que el alma
se aclara en pertenencia.

El paisaje parece un nudo y un anclaje.

Primer sexo

Tocó lo palpitante y lo más cierto,
para después negarlo.

Aquella tarde excelsa
tuvo un goce escondido.

Temió a la ley prestada,
tan temprano asumida.

No sé bien por qué tuvo en él más fuerza
renunciar que vivir.

La puerta

Este juguete humano, que se rompe
del peligro de usarlo. La existencia:
un caramelo rico y jugoso al comienzo,
que se le ha ido gastando,
y no hay moneda de oro
que lo lleve al quiosco, a aquel primer quiosco,
a comprarlo de nuevo.

¿En dónde está la puerta
abierta, aquella puerta del principio,
de par en par abierta, carcomida,
aquella tienda luminosa y sola,
con el polvo del tiempo,
para acoger de nuevo a aquel muchacho,
al que un día, sin pedirlo,
le otorgaron los útiles del mundo:
este gusto, este juego?

Desdén de la memoria

La luminosidad,
sin mancha, de las tardes de verano,
brillando entre las hojas requemadas
de los arbustos –viejos a esta altura del año–,
¿hacia dónde se precipita?
                            Él quiere
mirar bajo las piedras, y buscarla
en la maraña oscura de las uñas de gato;
buscarla en la mosquera;
encontrar en los juncos, quizás en la bolaga,
la luminosidad sin mancha de aquel tiempo,
lo que fue y ya no es.
Pero allí solo hay sombras,
y gris, y sequedad.

¿Dónde quedó el asombro primigenio?

¿Han perecido todas las imágenes
del paisaje de antaño? ¿Los recuerdos
son tan solo un olor muy leve de lavanda?

Se quisiera encontrar
con algo duradero
que la mente atesore,
y sólo halla los árboles quemados,
polvo sin vida, hojas arrasadas
por un viento salino de lebeche;
puede pisarlas y se desharán.

¿Quién ha soplado en todo?

Bufé

¡Oh antiguo bufé, sabes muchas historias,
que querrías contar!

(Rimbaud)

¡Cómo le gustaría
poder tornar a donde enraízan los sueños!

Lo que en su fuente pura
mana, es siempre un misterio.

Dentro de aquellas cajas de Maderas de Oriente,
aún aguardan —en su escondite denso,
dentro de aquel cajón, viejo, desvencijado y oloroso,
de la cómoda oscura—
los recuerdos de oro,
¿qué verdades primeras?

¿Por qué ha perdido el rastro?

Mal crecimiento

Quisiera despertar de los razonamientos, de las creencias, los
                                                    /aprendizajes
en los que ha crecido, tanto tiempo,
con pesadez que lo aherrojaba todo
en su cerrada pesadilla incólume.
Nada de fuera, ni la luz, entraba en ella, nada, nada.
Y él, bajo ese nubarrón, calado y turbio,
procuraba construir los versos salvadores.

Ha querido romper esa cáscara hirsuta,
la caña en crecimiento
de feraz granazón
que alimentó el engaño,
que lo hizo crecer con nutrición proliferada, inútil.

Y aunque esté tan unido a su raíz bastarda,
a su polen de engaños,
a su mal crecimiento,
buscará la palabra luminosa,
un camino de fuerza, un nutriente propicio,
una tierra que pueble su verdad.

Día de viento

Hoy las palmeras han enloquecido.
O es que el viento nos trae
la locura en sus ráfagas,
y ellas se han contagiado,
y quieren arrancarse, y elevarse.
Son peonzas divinas,
riéndose y riéndose en éxtasis giróvago.

(Jardín místico)

Baño
(Mar Menor, 2014)

Ve una sed de mar habitando en la arena.
Él está a pocos metros de la playa.
No hay arriba ni abajo,
su cuerpo, en punto límite,
flota entre cielo y agua.

¿Con qué otra sed oscura
alimenta la arena de sus ansias?
Sin arriba ni abajo.
¿Qué anclas?, ¿y hacia dónde?

El cuerpo permanece
tendido, entre otros cuerpos fusiformes,
en otra sed prendidos,
en otras existencias
que ignora aunque las mire.

¡Todo aquí está en la intersección de todo:
el misterio del existir, mediado,
retenido, fugaz,
con sed de tantas aguas diferentes!

Otro verano de los pequeños dones

Aún sigue abriendo puertas a la suave corriente de las tardes en La Manga.

Y sigue oliendo ese punzante y suave jazminero que tiene en la ventana.

Todavía se inquieta al ver las nubes y el viento levantarse, sin aviso, entre dos mares. Y ese enorme revuelo en el jardín pequeño que ve en la lejanía: sólo cinco palmeras, amparadas de seto.

Puede aún darse paseos solitarios, observando en los perros de los otros el perro que no tiene y que sería un amigo.

Hoy le huelen de nuevo a cebolla los dedos; de no haberse lavado, tras la compra, las manos afanosas por confirmar, en un diario cualquiera, que el mundo sigue siendo muy pequeño para quienes viajan solos consigo mismos.

Lo encandila ese gato que está siempre en la tapia: sorprendente equilibrio adormilado.

Y es un encuentro hermoso para él todavía topar con el baladre que se asoma por el tapial enano, mientras la buganvilla lo trata como a un césar al cruzar la cancela.

Le gusta reencontrarse día a día en lo sencillo, cuando escucha el hirviente estrépito de todas las chicharras, cuando las gaviotas le tatúan su rápida y fugaz sombra mientras que se baña.

Y siente que es eterno este infierno suave del bochorno envolvente, mientras nota en las plantas de los pies cada día, al entrar en el mar cálido y breve, el risueño sadismo de todas las chapinas.

El loco

I

Si fue la plenitud y no lo supo, luego se iba menguando, cada día, poco a poco desmintiéndose.

Negando los deseos del cuerpo, los encuentros misteriosos, las cercanías ásperas junto a los jaramagos —entonces un arbusto sin nombre para él, pero más realidad que la palabra inscrita en mitad de un poema: el amarillo múltiple del campo.

Fue desdeñando el canto de los juegos y la certeza abierta de lo azul, avariento de nubes.

II

¿Hasta dónde ha llegado con tanta negación?

Le han pesado los años. La babel construida es el fracaso por tan solo vivir para el conocimiento, para la reflexión. Más acá de la vida.

El loco prontamente cedió ante las razones. No barruntó que el hombre es un dios cuando sueña y un pordiosero cuando reflexiona.

Y ahora que necesita recomenzar la infancia, mirar a los inicios, recuperar de nuevo lo perdido, para darle sentido al sinsentido, no es posible marchar atrás en la existencia.

Ya fue la plenitud y no lo supo.

Tiempo petrificado

El niño vive eterno en su infancia perdida. Con sus ojos ingenuos, aún sin conocimiento y sólo percepción de la mirada. Con su boca inocente de encantado silencio. Sus días son tan largos como años.

La pequeña figura recorre todavía demónicos lugares entre cardos hirientes y robustos geranios de manchados colores, a la sombra clemente de unos escasos árboles. Dan su hora los pájaros.

Saturnal equilibrio en la casi presciencia, porque el niño se encuentra aún en los comienzos. Su manecita tierna toca aún los recuerdos verdaderos. Vive frugal, como si fuera un ave. Tan cerca de la edad divinal y sin tiempo. Sus palabras, descalzas, de puntillas.

Una ignorancia, hostil hacia todo saber, lo rodea y protege. En el centro, sólo intuición, belleza, tiempo petrificado que ignora el devenir.

La apariencia terrena de infinito encadena, con juego en las esquinas, aquellos días largos; y las tardes también, de refrigerio, con sillas en las puertas y el trovo vespertino. El renacer de cada día eterno y el remorir de cada noche nueva.

Pasada la merienda, lento se pone el sol; y al dormirse las calles, los caminos, le ofrecen los tapiales opulentos los primeros saberes de aire sofocado.

Aún el niño se encuentra, con sol y regocijo, en espacio sin tiempo, espacio irrenovado, inensanchable, cierto, aunque haya muchos siglos en sus escasos años. Con perfecto equilibrio dan su hora los pájaros con su reloj de alas. Totalidad cerrada, espacio que sostiene el quieto acontecer de una flor roja y única de carne, que acaba de nacer para afrontar su muerte.

> *En aquella época, el azul y el verde aún no estaban diferenciados, ni el azul del cielo con la planta que brota.*
>
> (Richard Wilhelm)

> *Aunque la estación estuviera bastante avanzada, había aún en las enramadas algunas flores tardías, cuyo olor, que percibía en su camino, le traían a la memoria recuerdos de su infancia. Estos recuerdos le eran insoportables.*
>
> (Víctor Hugo)

IV   La espera

Cendal de bruma

I

Si el mundo se alejara un día lentamente
y nos dejara verlo tras un cendal de bruma,
suavemente apartándose y todo sin congoja:
soles que se deslizan
apagándose todos sus murmullos,
pábilos parpadeando
hasta extinguir sus luces, sus latidos,
mientras que el corazón va acompasándose
con una dormición sin dolor,
                                                    ese gozo
de música callada que acompaña
lo natural del mundo en su ir y venir.

II

¿No sería una forma
perfecta de morir?
¿Por qué entonces, el dios supuesto que ha creado
la vida, no lo ha impuesto
como un modo glorioso de marchar sus criaturas?
¡Acaso no ha podido?

¿Acaso no ha querido?
¿Acaso no pensó nunca en la muerte — ¡dios incauto! —
y un día se le coló en su creación, sin saber cómo?
¿Acaso deseaba, con sadismo divino,
maltratar a sus criaturas,
haciéndolas confiarse en el vivir,
para darles, después y de improviso,
el zarpazo cruel del sufrimiento?

III

¿O no hay dios ni hay verdad
ni explicación alguna a este estar en el mundo;
y todos nos metemos en la cruel pesadilla
creyéndola un ensueño delicioso
(y que lo es por momentos);
creyendo en el derecho a la felicidad,
a toda plenitud, por un tiempo inconcreto —
se obnubila el cerebro
para pensar que es tiempo sin contornos,
como un tiempo infinito,
y así aplazar la herida
que nos ha de partir el corazón?

IV

Sería tan hermoso
despeñarse en el sueño,
—descerrajado el duelo innecesario—
y de pronto alejarse suavemente,
el sentido de cuanto hemos vivido tras un cendal de brumas,
que todo se apagara con dulzura,
en paz el gozo incólume de haber vivido el don de la existencia.

En una noche sin final

Por más que todo sea tan nítido en la noche, tan falso en la mañana;
se habrá de doblegar, su negra claridad, su pura claridad,
al neblinoso tráfago de un alba nueva y viva.

¡Pues nos traspasa el tiempo con su flujo,
en el que navegamos (nos ahogamos)
desde que amanecimos en su río implacable,
desde que supusimos que somos porque estamos
en permanente huida, y parar es morir!
¿Cómo volver los remos,
cómo remar dos veces en la misma carrera?
¡Volver sería lograr insistir en el gozo
y nos está prohibido!

Los espejos reflejan
el testimonio de este tiempo gélido
que nos va atravesando, nos va hiriendo de muerte:
un cuchillo de vientos y huracanes,
que se ensancha en el pecho, destrozándolo todo,
la granada más fiera y más cruel
que nunca se ha podido inventar. ¿Y por qué?

Es el tiempo, en que somos, sin el que nada somos.
Nos da aliento y su aire es aire que sofoca;
terral que quema y viene del más profundo infierno.
¿Cómo torcer la ola, cómo aventar el viento,

cómo desjarretar y retorcer
el mecanismo de un solo sentido, ese unívoco avance
del mundo, el animal, la planta y el planeta?

Tan solo la locura que escribe en estos versos
nos permite pensar el disparate,
desear lo imposible
(melancolía ansiosa y fracaso absoluto):
que en el tiempo cadáver,
en la quietud oscura,
se engendre una nueva y verdadera vida;
que no nos envenene de nuevo, tras la noche,
la claridad del día.

Mors ultima linea rerum est

En el silencio acecha
el tigre de la muerte
como un rayo dormido,
tras la puerta simbólica.
Que la muerte es el límite de todo lo terreno.

Observa el matorral
en que oculta la zarpa
dispuesta y en tensión para lanzarse
a por él, que lo aguarda.

¿Lo que siente es una premonición,
quizás solo un aviso?
Sabemos de antemano, de la muerte.
Es un camino que arde
con luminaria incógnita,
de siempre preparado
para el mortal incauto.

¿Habrá continuación, tras la obligada caída?
Esa pregunta aún no corresponde.
Tan solo importa el miedo:
Él, aterido, roto y descompuesto.
Incapaz de pensar
más allá de esas matas, que —aunque aún no se agitan— lo
                                              / hipnotizan.

¿Tan solo una impresión, quizá una fantasía?
Esa garra acechante,
el dolor infinito en un segundo,
esas uñas que tiñen ya su sangre,
el vahído que cuela hasta el negro absoluto.

Quizás si no temiera,
todo se desharía.
Pero ¿cómo vencerse en el temor,
en su hielo extendido: cuerpo y alma,
en su angustia oceánica?
Sólo escucha el latido de su hora,
de esa hora inconcreta, inevitable,
donde todo el vivir se le consume.

Hay tregua de silencio en el arbusto.
¿Está detrás el tigre porque lo ha imaginado;
porque le ha dado el ser, el ser para su muerte: su aceptación quizá?
¿Está desde el comienzo
para cerrar el círculo
de este dubitativo deambular que no puede
prolongársele indefinidamente?
¿Ansía que lo engulla,
aunque busque evadirlo,
engañarlo, ser roca, algo indesmoronable?

El tiempo se desdora,
el pensar se deslíe,
el sentir ha estallado.

Por un momento vuelve a los inicios,
vuelve al entendimiento primigenio.

Comprende los errores y los triunfos.
Ama lo que vivió,
puede ahora calibrar todos esos pequeños
amores ignorados: los instantes vividos.

Se entiende en sus fracasos y en sus dudas.
Se ama finalmente en sus naufragios
y en tantas insistencias testarudas,
en todos los errores que le dieron
dolor innecesario.
Se quiere en sus absurdas vanaglorias,
que le dieron más vanidad que gloria.
Y parece que olvida si esa garra
ya comienza a cogerlo, va anublando
su vista con un apretón supremo;
si este recuento último vital solo lo causa
el salto del felino sobre su presa cierta.

Quiero morir siendo ayer.
(García Lorca)

En mi principio está mi fin.
(Eliot)

Epílogo

Fotografía a los cuatro años

¡Qué lejano ese rostro tan joven de mi madre
y yo tan niño,
apoyada en su sien mi pequeña cabeza,
con mi mano en su hombro!
Todo es seguridad y perfecto equilibrio,
sin saberlo.

Sí, el mundo, sin saberlo, está bien hecho
en esa tan lejana fotografía que ahora
preside mi despacho y representa
todo lo que aún quisiera ser y ya no es posible;
lo que sostiene alegre, con su halo perdido,
a este huérfano viejo—
y no por eso aún menos perdido
que cualquier otro huérfano
a otra cualquier edad.

Un huérfano que canta
en su tristeza sola
aquella plenitud de vida, que fue un día la suya;
aquel axial vivir, eterno en su presente,
y que hoy aún sostiene al viejo que lo mira
en este testimonio de un pasado que alienta y reconforta.

Viajero con pequeño cuadro

Ut pictura poesis

Relees el poema,
vas mimándolo
con esas pinceladas
que son retoques mínimos;
y que pasen los años
y disfrutes
de tu pequeña obra
siempre tuya, tuya en tu intimidad,
en tu viaje por esta vida corta
de arte largo,
siempre perfeccionándote en el gozo.

(Leonardo da Vinci)

¡Amigo,
es suficiente!
Si quieres leer más,
sé tú mismo
la escritura y su esencia.
(Angelus Silesius)

AVISO

La primera («Crónica del desterrado») y la última parte del libro («La espera») se ocupan de la experiencia. Aunque, como nos dice Eliot, *tan sólo hay, o así nos lo parece, como mucho, un valor muy limitado en el conocimiento que se deriva de la experiencia*. En cambio, la tercera parte («En el tiempo de la claridad») pretende ser estampas sobre la precons- ciencia, sobre el don, sobre la iluminación.

En la primera infancia tenemos establecida una relación con el mundo que luego vamos perdiendo. Nuestro aprendizaje, mi aprendizaje (la cultura, los libros, las leyes que asumimos, todo lo que a él se debe) siento ahora que ha sido como un *desaprender*; lo que entraña una paradoja, porque, si bien avanzamos en conoci- mientos y comprensiones de cierto tipo, ese avance conlleva un dis- tanciamiento de nuestra original e intuitiva relación con el mundo, un alejamiento que es aislamiento, desatención y desentendi- miento de claves de la vida perfectamente asumidas al comienzo. La piedra de hoy fue luz ayer. Sólo nos ata a ese pasado la intuición poética, la que nos dice que *en nuestro principio está nuestro fin*, que el verdadero conocimiento se otorga y se pierde, y que hacia él nos devuelve el fracaso y su necesidad, porque aunque la razón lu- che por conquistar el territorio, no es territorio para la razón.

He sentido también la necesidad de un apartado de homenaje a al- gunos de mis poetas, a esos que han recorrido antes que yo el tra- yecto y me han iluminado. Pero como hombres al fin y derrotados, los sitúo al final del camino.

Para terminar diré que la segunda y la tercera persona se me impo- nen en estos poemas: el espejo de mí mismo, donde soy también el yo de todos los demás. *Je est un autre.*

DEDICATORIAS

La poesía de a diario, in memoriam Vicent Salvador.

Un cielo de recuerdos, a la larga amistad del médico y amigo Rafael Luquin.

De la alegre fugacidad del vivir está dedicado a Paco Salinas y a las infinitas tardes de verano (fuese la que fuese la estación del año) que pasé en su Jardín de las Delicias.

Primer sexo lo está a Pedro García, con quien comparto recuerdos del Llano del Beal, pueblo minero de unos cuantos y significativos años de mi infancia. Allí el niño de ciudad que yo era «echó la robinera», en palabras de mi madre.

Otro verano de los pequeños dones lo escribí pensando en Dionisia García y recordando aquella cena en su casa de La Manga con nuestro común José María Álvarez.

Cendal de bruma está dedicado al único hermano que he tenido, Alfonso Martínez Rebollo.

Para una edad desatenta es, por incontables débitos, de Antonio Durá.

La culminación de este libro no habría sido posible sin la presencia en mi vida de José Javier Martínez Moreno.

DEL TIEMPO DE
EL SUEÑO DE UNA SOMBRA

(2013-2019)

Mandalas (Lee en voz baja y medita)

Un mandala moderno es la confesión involuntaria de un especial estado espiritual.

(Carl Gustav Jung)

1 Cada poema, un epitafio

A Lola Monteagudo

Vivir es
cada día echar de menos algo
y seguir adelante.

2 El nacimiento del hombre

La piedra es perturbada en su quietud.

3 Futuro

No estar ni en los espejos
ni en los ojos del mundo.

4 Paisaje

No me gusta la parda uniformidad de la estepa.

5 Oración

Quisiera tener la llave que abre la belleza
de la música de Monteverdi.

6 Lenitivo del despechado

Y regresó una y otra vez a la casa del recuerdo,
el único lugar donde nunca lo rechazaron.

7 El desierto de los tártaros

Dino Buzzati

¿Cómo aprender a estar aún vigilante,
alerta siempre,
tras años de monótono horizonte?

8 Final

In my end is my beginning
(T. S. Eliot)

¿Soy, de comienzo a fin, sólo el instante
de prender ese incendio que es la vida?

9 Dístico

Tan sólo en la torpeza
se obtiene la certeza.

10 Poeta de vestuario (o *voyeur*)

El ébano tomó forma divina.
Se constriñó en perfecta curvatura.

11 Dudas de creador

¿Cómo saber si el silencio es verdadero
o es un silencio envidioso?

12 Leyendo a Rushdie

La poesía es una locura atenuada.
Este hábito de la mentira encantadora,
este continuo embellecimiento de la realidad,
esta pomada aplicada a la verdad.

13 Facetas de la poesía (gracias del arte)

Yo miro,
me aclaro,
y ¡qué bien si además
a los otros
les hago inteligible el mundo!

14 ¿Gimferrer?

Era el Leteo el río de mis adolescencias.

15 Dístico en espejo

Destruimos todo aquello que amamos, nos decía Oscar Wilde.
Las cosas que amamos siempre acaban por destruirnos, le dice el
Viejo Oso a Jon Nieve.

16 Dístico en espejo II

Pensando como pienso
me hago como soy.
Diciendo lo que digo
¿a quién hago como soy?

17 Encerrados

No veo, no creo.
No veo, ¿no creo?

18 Epitafio

Vine sin saber nada,
me voy sin saber nada.

19 Otro dístico

La inseguridad
apoya la vanidad

20 Haiku en prosa

Bienaventurado el
que ha visto el mundo
de otra manera.

21 Sabiduría del vivir

Siempre un paso adelante.

22 Scardanelli

He dejado de ser, no me gusta la vida.

23 Origen

Te acercas,
ves el mundo.
Después todo se hunde.
¿Acercarse es venir de alguna parte?

Canción bipolar

A Ernesto Sánchez-Gey Venegas

A veces te repliegas
como una rosa extinta
que ha cumplido sus días.

A veces te despliegas
como una margarita
de pétalos azules, renacido.

El terror y el deseo
cruzándose en tu vida:
crucifixión y cielo.

Colores del sentimiento

Para sentirse colmado, le bastaba que tuviera el coñito cerrado y él pudiera abrírselo, haciéndola gemir de dolor, con su güevo magullado y feliz allí dentro.

(Vargas Llosa)

Incrementan las Manadas: hasta 104 casos más registrados desde la violación en san Fermín en 2016.

(*Cuatro Al Día*, 24-VI-2019)

Homenaje a Túa Blesa

No por ser repetido es menos admirable
el continuo desfile de hermosuras
con que las primaveras iluminan los ojos.
Nace en los corazones un claro regocijo
y un nido de alegrías los habita de nuevo.

Pero las primaveras también traen los nublados
con que se enfría el canto,
y crecen las cuchillas
rasgando el terciopelo terso y suave
del primer regocijo con jazmín y azucena.

Puede entonces que todo se transforme
en humedad de pozos,
en abismo confuso, inconfesable.

¿Dónde limita el gozo del deseo
con la depravación, con el exceso,
 con la araña compulsa
que multiplica el ser de su locura
en mil patas lascivas, pegajosas,
sólo ojos de incendio,
para aplacar su sed con un zarpazo
insaciable, perverso y sin sentido?

21 ODAS DE INVIERNO

(2023)

Como una barca que, al llegar a puerto,
ha apagado en la noche sus luces y el motor,
pero en la oscuridad aún prosigue
resbalando en silencio por el agua.
                                  (Joan Margarit)

No temer el último día ni desearlo.
                                  (Marcial)

Los dones de la noche

I

¿Amaré todavía — resbalando los ojos
por lo que ya me niega el tacto de las pieles,
por lo que ya me niega el yugo del invierno de la carne —
hoy sin la arremetida del glande en granazón,
sin el impulso aquel de tantos años?

II

Amor de la mirada solamente,
contemplando esos muslos de acero, que se asientan
en el oscuro asfalto del deseo.
Esa luna partida en dos delicias,
que arrastran al conflicto — porque todas las ansias
de posesión son una gran tormenta,
un gran trueno que grita:
«entremos al magnético asilo alegre, incauto
del banquete feraz y de la borrachera.»

III

Ya para mí todo eso es un recuerdo (raíces perezosas).
Aunque en la calle me hagan levantar
la mirada los dones de la vida.
Los siento como propios

cuando el turbión del ansia y el frescor del deseo
me inundan alocados, insistentes de nuevo.

No hay edad para el gozo. Seguimos bajo el sol.

IV

¿Pero he de ser sensato?
¿Relegaré a los sueños
— en estas largas noches que preside Vejecia venerable —
la ilusión renacida como sol del invierno,
la perdida potencia como trueno de ocaso?
¿Reavivaré tan solo, en horas desoladas, con el epoc insomne,
el recuerdo de tantas criaturas, admirables y bellas,
que tuve entre las manos hasta hace bien poco?

V

Mientras que alienta el cuerpo,
pide gabela impropia de jadeo y sudores, a pesar de los años,
aunque tan solo sea en las nieblas del sueño —
corazón de la luz en el silencio.

En esa niebla densa, en el silencio oscuro,
están los nuevos dones para mí,
esos dones de humo que ahora gozo.
Las brasas de otros fuegos
en frágil territorio de logros imposibles.
Sueños que me conceden, no sé bien si unos dioses compasivos.
Son deseos que cuelgan del árbol de la noche
y con la amanecida se esfuman de las manos.

El tema de Gabriel (julio de 2020)

Homenaje a Ennio Morricone

I

Sonaba aquel oboe melancólico
y empañaba mis ojos en la turbia calina
de una Murcia en agosto, ya perdida;
mientras me preguntaba
(pregunta interminable, que atraviesa los tiempos):
¿qué misterio especial alza una melodía como esta,
del sereno vapor del inconsciente,
y hace aflorar un sueño que condensa
esas perlas sonoras en el árbol feraz de la creación?

II

Yo escuchaba su tema aquella tarde,
al final de la siesta,
serenado en la cama del placer,
de aquel cuerpo tan joven a mi lado dormido,
siendo yo también joven.

Entonces los placeres
no eran sólo un recuerdo, eran la pura historia
de la vida en su álgido momento.
Y la tristeza del oboe sonaba

poderosa, en aquella habitación que ya no existe,
con esa misma fuerza que llega a este lugar
— otra ciudad más seca, menos cálida —;
con las mismas cadencias,
con la misma añoranza de lo que se ha perdido;
ahora que la vida ya disuena
para mí, y que aquel placer de entonces
y aquel descanso laxo solo son
leña vieja mojada en la nostalgia.

III

Sigue siempre el oboe soñando inmarcesible,
con su lento lamento.
La música perdura y la vida se quema.
El arte permanece y la vida transcurre.
Hoy, que trae en sus noticias que ha muerto Morricone,
todo lo que envolvía aquella melodía, en aquella otra Murcia,
también hace ya tiempo que ha muerto para mí.
Y la pregunta es otra, y la respuesta es otra:
¿qué hago aún en el mundo?
Escuchar la nostalgia de un recuerdo.

La verdad hija del tiempo

¿Quién fuiste en realidad, Peregrino «Proteo»?
Fue teatral tu final.
¡Y qué no es del teatro en esta vida!
En presencia de todos, te arrojaste a las llamas.
¿Querías enseñarnos a despreciar la muerte,
a soportar el daño?

Nada de positivo sabemos de tu vida:
Parricida, ladrón, corruptor de menores, te han llamado los siglos.
¿Qué fue de tus epístolas —
de las disposiciones y leyes que tenían,
para consejo augusto de muchas de las más
importantes ciudades de aquel tiempo?
Polvo, termitas, humedad, silencio son ahora.

El juguetón Luciano, irreverente, sólo habla de ti para humillarte.
Pero tuviste el nombre de Proteo:
la chispa universal, paciente con el fuego.
Luz y naturaleza, *anima mundi*.

Tu discípulo Gelio
te denomina «hombre lleno de autoridad y de constancia.»
Tu humildad nadie puede arrebatártela:
viviste en un tugurio fuera de la ciudad,
alejado de todos.
Gelio, que te seguía deferente, escuchó de tu boca

honestas, muy hermosas, muy útiles sentencias:
«El sabio, aunque los dioses no lo vean,
y tampoco los hombres,
no debe cometer pecado alguno.»
«Cuando tengamos claro
que nada ha de quedar oculto para siempre,
se tendrá más pudor y más cautela.»
Y entonces recordabas convencido unos versos de Sófocles
(según tú, el más sabio de los trágicos griegos):
«No ocultes nunca nada,
porque el tiempo lo ve y lo muestra todo.»

¿El tiempo ha desvelado, acaso, tu misterio?
No hay rastro de tus obras, magnas y singulares;
y sólo una cortina de humo cínico
las recuerda en tu contra.
¿Parricida, ladrón, corruptor de menores?
Contra tus propias y sabias palabras (el tiempo lo ve todo y lo
                                        /desvela todo)
se ha alzado un permanente agravio a tu persona.
Y el tiempo no ha negado la injusticia.

¡Cómo, pues, no aterrarnos de que los hombres justos
perezcan bajo el juicio de los siglos,
como si fueran todo lo contrario de lo que un día fueron
y el desafuero así se instale en las conciencias de este mundo!

¿Qué verdad permanece y es hija de los tiempos?
¿La falsedad — que instalan
algunos, como el cínico Luciano, con voz cruel, que escucha
el fácil corazón de los humanos?
Te hirieron, por los siglos, sus palabras.

«No es agradable ver a un viejo asarse oliendo a chamusquina.»
Su mofa es poderosa,
como una piedra atada y arrojada en un pozo.

En el pozo del tiempo te has perdido.
En la befa de todos sobrevives.
¿Qué demonio te ató a este infortunio?
Si fuiste singular, ¡al menos eso
debió reconocérsete!

Y si tú eres Proteo, y todos te calumnian,
yo, con el dulce Wordsworth, siento una gran nostalgia
por toda la riqueza que perdimos, de un mundo
con oscuras deidades como tú,
que en otro tiempo fueron tan brillantes
y hoy están
ocultas para siempre a las miradas.

¿Volveremos a verte, Proteo, alguna vez, emergiendo del mar?

Ausencias

¿En qué recodo oscuro, en qué poza o laguna
se remansan, tras su rápido paso, las aguas turbulentas de la vida?
Esas aguas vertidas durante años de lo hondo del sentir,
la vida derramada a borbotones,
kilómetros de ansias,
¿en qué lugar se achican, se desangran,
se hacen espejo líquido de eternidad fundida?

Quisiera contemplar ahora de nuevo
el caudal de esos tiempos que he perdido,
mirar su superficie y reencontrarme, reconocerme en todas sus
                                                    /imágenes.
Nadar una vez más
en el río constante que nos lleva,
esos reconocibles fantasmas deshaciéndose
como cartón mojado.

Pero ¿dónde se encuentran ahora la alegría,
la fe, las esperanzas, los deseos:
mis padres, mis amores pasados, los amigos, la verdad en que creí?
¿Qué mano enturbia el río de mi vida,
su actual estiaje, la sucia, oscura desembocadura?
¿Dónde duermen, ocultas y estancadas,
esas límpidas aguas del pasado?

En todos los arroyos, en todos los remansos,
en los mares y playas donde busco,
sólo está el engañoso y falso titilar de las estrellas.

En la temprana muerte de Luis Carrillo y Sotomayor, cuatralbo de las galeras de España y primer poeta cultista

Según su hermano don Alonso, dos años antes de morir dio de lado a toda actividad literaria para vivir «todo ocupado en maciza virtud de santidad»

(Alberto Colao)

anno 1610, aetatis 27

(Quevedo, *Epitaphium*)

Un pecho anciano y de la edad arado
no conociste en tus postreros días.
La Parca, que insistente perseguías
para cumplir tu sino desdichado,
te allanó pronto el tiempo. En el airado
combate del vivir y el impaciente
deseo de sentir, fue tu obediente
corazón huracán desarbolado.
Pronto, con los despojos y mudanzas
de la vida, sus celos y recelos,
zozobraron tus tenues esperanzas;
y así se alzó tu espíritu a los cielos,
para añorar allí las enseñanzas
de tu parco habitar mares y suelos.

La casa

Y si hemos llegado a la edad que tenemos, es porque otros
nos han ido salvando la vida, incesantemente.

(Ernesto Sábato)

Yo no podría decir que fue la casa
de la felicidad. Porque mi corazón
siempre tenía un amargor oculto y silenciado
en su más hondo centro.
Pero sí era la casa del amparo.
Aquellos dos custodios me cuidaban
como a la más valiosa de las joyas,
admirada y querida.
Ellos me hicieron bueno y yo me hice egoísta.
Cuando te quieren tanto, sin pedir nada a cambio,
es fácil entregarse a la fiel complacencia.
Pero también te impregna la bondad que te ofrecen.
Ósmosis del espíritu: como en todos los líquidos, también el de la vida.

Yo no podría decir que fue la casa
de la felicidad, pero era el sitio
que apaciguaba todos mis temores.
Porque estaban ahí los guardianes del miedo
del niño acobardado con la vida.
Su sonrisa propicia para desalentar las inclemencias.
Y yo dormía plácido
envuelto en sus conjuros afectivos,
aunque siempre volvían las angustias.

Pero ellos eran magos incansables,
despejando el infierno que yo mismo creaba.

Así pasaron años. Casi toda una vida.
Antes de que el desierto rodeara la casa
y sus arenas densas, montículos inmensos,
se filtraran por todas las grietas y ventanas.
Ahora ocupan el sótano y levantan montañas
en todos los rincones. No es posible
salir a la intemperie: las tormentas
azotan los cristales,
y, desde la distancia,
el mar susurra un nuevo hechizo en mis oídos:
una extraña llamada, que ya no atemoriza.

Y hay una barca al borde de la playa
que espera a que me suba e inicie mi camino.
En el viaje aquel de todos a la niebla.

Meditación del tiempo

En aquellos momentos aún el tiempo
era un hilo de plata sin fisuras,
largo sin inquietud. Era el comienzo.
En él se entretejía
la vida de un muchacho que soñaba sin tregua.
Todo aún por venir, todo aún por llegar.

¿Qué extraña angustia ahora
ha concentrado aquel interminable hilo
en un punto, un mínimo de mínimos,
un instante clavado en el vahído
de esta inmensa incerteza inabarcable?

Ya todo se derrumba.
La vida, siempre a punto de caerse del tiempo.
Hoy no sé si algo fue, si algo ha existido.
Yo mismo, entre dos nadas temporales,
no sé qué me sostiene.
Perdido entre dos aguas,
colgado entre dos simas,
yo me llamo a mí mismo
y no me encuentro. Y solo vuelve el eco
de la lenteja de oro que se rompe,
del cántaro quebrándose en la fuente,
de la rueda partida en el camino.

¿Todo está ya en su punto?,
¿en su punto crucial de inexistencia?
¿Todo lo transcurrido no ha pasado?
Lo que vendrá después, ¿no habrá pasado?
Y yo, ¿qué voz me dice?

Cuántas cosas que fueron,
tan ricas de vivencias.
Crisálidas partidas, mariposas de vuelo corto, incauto;
tristezas con momentos puntuales de risas.

Universo de nadas cenicientas,
de destellos hundidos en las sombras.
Vidas
que pugnan por dejar su huella,
que quisieran gritar en el ahogo, y se ensordina todo.

Porque el tiempo le ofrece a los humanos
un fruto envenenado que fulmina.
Alimenta tu ser para la muerte.

Nada de lo que escribes te sustenta.

La renuncia del duque de Urbino

todo va peor.
(González Iglesias)

I. EL HUMANISTA

Federigo de Urbino, famoso *condottiere*
ardido por el sol del humanismo,
alargaba las horas de su noble palacio
con paseos al aire del jardín,
alimentos frugales y lecturas de Livio.
Cada día ofrendaba su tiempo a las conversaciones
piadosas, y al placer de dirigir los rudos ejercicios
de jóvenes atletas que hospedaba en su Corte.

Sólo tenía un gozo reservado y secreto:
la visita a escondidas a su fiel santuario, cuando caía la tarde.
Su insigne biblioteca.
Allí abría con calma el terciopelo
carmesí y contemplaba la guarnición de plata
que albergaba la obra de excelentes calígrafos.
Allí estaba trenzada
la vida de la carne y del espíritu
que destilara un día el pensamiento antiguo.

II. EL LIBRO IMPRESO

Me represento, a veces,
a aquel Duque de Urbino,
el día, innecesario para él, que permitió que entrara el libro impreso

— por qué debilidad, por qué curiosidad, no lo sabemos —
en su vieja y soberbia biblioteca
de hermosos manuscritos,
de iluminadas joyas singulares.
Aquella novedad era vulgar y tosca: el producto de Gutemberg,
con menos sangre humana, con menos pulso humano;
que arruinaba la suavidad del tacto de las manos
y atenuaba el brillo cegador del oro gótico.

¿A qué contribuyó, con su imprevisto gesto,
Federigo de Urbino,
con su casual renuncia?
¿Quizás a que la humanidad
arrojara en un pozo de pérdidas perennes
algo noble y atávico,
que hoy ni reconocemos?
¿Había una ley poética (ahora perdida)
en esas filigranas de paciente hermosura
tatuadas sobre pieles de oveja o de becerro?
¿Qué fulgor se perdió
con la simple y vulgar reprografía?

III. LA RENUNCIA

Bien sé que renunciar a lo viejo, a lo antiguo,
dejarse seducir por las nuevas propuestas,
es lo más conveniente,
y hasta lo inevitable. ¿El mundo siempre avanza?

La escritura del hombre (su conjuro
contra la inexorable mudanza de las cosas y los tiempos)
da la perennidad a lo inconstante,
y nos permite el misterioso trato
entre seres que anhelan y huesos que se pudren.

La clave del misterio de esa perennidad acrisolada,
de ese fijar el tiempo en la palabra,
sin duda, no se halla
en seguir empleando, para decir la vida,
bolígrafos o plumas, un lápiz de grafito, un estilete,
o en preferir el último modelo de PC
para contarle al mundo
lo que nos hiere y no nos justifica.

IV. LA DUDA

Bien lo sé, o creo saberlo.
Sin embargo no puedo evitar que me cale
la porosa neblina de la duda:
la idea madre, el verbo que nos dice — me pregunto —
¿no es tan solo una idea?, ¿o es también una forma:
el sello de las manos del artífice?
¿Con las manos construimos las ideas?
Los dedos que acarician el mármol ¿le dan alma?
Estas preguntas locas y obstinadas me persiguen,
apuñalan mi espíritu.
¿Hay algo que se pierde — aún insisto en la duda —
el día que avanzamos en la técnica, que el producto se aleja de las manos,
del olor y del tacto, del sueño y de la herida del trabajo artesano?

Es una sensación que zarandea,
algo por definir que no se alcanza,
pero que ya incendiaba los albores del ser. Tesoro originario.
Algo que es incapaz de asir la inteligencia, porque es mucho más hondo;
y que hoy se ha perdido.
Una pérdida innoble,
un precipicio ciego,
la cifra y el secreto
de una vida que fue, en los comienzos, más alta y más verdad.
Dicha por los profetas, las sibilas, los chamanes, los dioses.

De ignoradas renuncias se hace el mundo moderno.

Permanencia

(Poema rescatado de un cuaderno de viaje)

Treinta años después
la Caleta es la misma,
las sombras de las barcas son las mismas,
se varan y renacen a un impulso febril,
siempre a las mismas horas.

¿Tan solo tú y yo, amigo,
hemos cambiado?
Mirando el mar de siempre,
no nos reconocemos.

Aquellos dos muchachos
— brisa de mar y aliento de palabras —
que pasean un poco cabizbajos
delante de nosotros,
hermosos en el mundo (ahora les toca),
temerosos de ser,
por todo lo que aún aguarda en su futuro,
somos tú y yo, ahora. Siempre ahora.

Nuestras sombras los miran
— con comprensión, con ansia —
desde un oscuro resto,
de lo que fue una esencia
que ahora se ha mudado:

todo lo que alentábamos,
todo lo que luchamos,
está fructificando
en esas nuevas y ardorosas vidas.

La Caleta es la misma,
las sombras de las barcas son las mismas,
y los hombres…,
                    los hombres sólo somos
imágenes cambiantes que atraviesan un sueño.

Variaciones sobre un vaso roto
(La mañana sonora)

En el fondo quebrado
de tu alma.
(Francisco Brines)

Muevo la boca, aquí y allá, buscando
la posición propicia.
Retuerzo la cabeza lo que puedo, lo que me da de sí,
para alcanzar la gota que cae sobre mis labios
del vaso ladeado y medio roto de la vida.

Disfrutar de ese resto y relamerme
es mi único objetivo en este día de sol,
un sol que templa el frío
en un invierno artrítico que cala hasta los huesos.

Quiero que no se escapen esas gotas.
Quiero paladearlas. Que es todo lo que queda:
paladear esas últimas gotas
de paisaje, fraternidad, amor.

Mientras sigue sonando la música del mundo en nuestras vidas.
¿Por cuánto tiempo aún?

Evocación, otoño 2020
(Los puentes de Florencia)

I

Agua de atardecer cobrizo intenso,
frágil lugar, cristal de la memoria.
¿Por qué esta repentina ensoñación?
Tantos años después, vuelven a mí los puentes de Florencia,
fogonazo fugaz, inesperado,
en esta tarde umbría y silenciosa,
en este largo otoño de pandemia.

Alla Carraia, *Santa Trinità*,
Ponte Vecchio, os paseo nuevamente
y vuestro encanto centenario, intacto,
consigue rescatarme de mi fondo fangoso,
como el obrero aquel, junto al puente *Vespucci*,
un día rescató la hermosa *Primavera*
de Pietro Francavilla.
La habían masacrado las hordas de la esvástica,
y hoy reluce, de nuevo alzada al cielo,
como alza mi vida este recuerdo.

II

Arcadas soñolientas,
agua que corre azul en mi memoria,

plena, fundida en amarillo intenso,
porque existen corrientes del recuerdo, sin duda, que dan vida.
Como a Dante dio vida en el exilio
el agua de los ojos de Beatriz Pontinari,
apenas vista un día, paseando sobre el puente de *Santa Trinità*.
Aquel amor, por siempre, inundó al Alighieri,
como el caudal del río sube con las crecidas sucesivas
hasta obturar sus ojos,
hasta enlodar o remover las piedras.

Porque el amor es siempre una riada.

III

Florencia inmarcesible, una vez fue tu agua
la soberbia cultura que afluía de Grecia.
Sobre su azul cobrizo cruzaban los arrieros
el *Ponte alla Carraia*
en los recios jumentos, con su carga festiva,
alegres, desgranando las canciones de Dante y de Petrarca.
Hablaban todos ellos — según recuerda Burckhardt —
al modo suntuoso de Brunetto Latini
y sentían como él también sus corazones,
amando a los muchachos de gentil donosura.
Florencia de la gracia y del saber, y del refinamiento.

IV

Hace ya algunos años que igualmente
yo también recorría,
solitario estudiante, esos eternos puentes de perpetua memoria.
Era, la que yo vi, otra Florencia.

Florencia del turismo
que todo lo envilece, que lo abarrota todo,
que coloniza el mundo para nada:
para hacerse una foto y no sentir.

Y hoy, en el recuerdo de todas las Florencias que he vivido
— transitando sus calles y leyendo su historia —,
sigue el agua corriendo, con su intenso amarillo,
dando vida a este otoño que habito largamente.
Sigue tu agua corriendo en mi memoria:
un laminado aurífero, que parecen lanzar
los plateros por todos los rincones del río.
¿Quisieran resguardar
la imagen permanente de esta villa en declive?

V

Tu imagen multiforme, noble, antigua,
me viene a rescatar en esta tarde sola.
Misterio inesperado, fogonazo fugaz,
fulgor restituido
sobre el frágil cristal de la memoria.
Les jours s'en vont et je demeure.
En el recuerdo aún hay corrientes de agua que dan vida.

Zhuang Zi hace balance

«Deja a la vida transcurrir tranquila,
con solo una certeza:
que un día del invierno
se encresparán las aguas,
llegarán a tus pies,
te azotarán la cara,
y acabarán cortándote el camino.»

El muchacho de Cross Plains prepara su revólver

Quiero morir cuando llegue mi tiempo.
(Robert Ervin Howard)

«¿Fui feliz en mi infancia
y no lo supe?

»Ha transcurrido el tiempo
— tiempo inmisericorde, destructor —
y ahora le pido al sueño cada noche
que, con sus tenues hilos,
reconstruya un pedazo de aquel mundo infantil,
aún sin discordias.

»Busco la mano firme de mi padre
entre las suaves olas de la noche.
La mano, aún más firme, de mi madre
en el negro latido de las horas.
Su ausencia protectora
cubre un silencio amable que acaricia.
Pero no basta.
                    Adusto, en la distancia,
mi padre aún está ahí, como un terrón herido,
casi nada, una roca sin rebordes.
Y mi madre se acaba de marchar.
Fueron todo mi mundo.
Cuatro pilares de aquel tiempo pleno,
que en mis noches sin tino me abandonan.

»Y es que todo lo otro
— el mundo de ahí afuera y sus actores,
lo que aún he de encontrarme al despertar
en los presentes días desolados —
es solo añadidura.
Nunca me ha preocupado.
Ha estado ahí para complementar
lo que no requería complemento:
el sostén envolvente, cálido a pleno sol,
del hogar familiar,
que me daba la paz para encerrarme
en mi pequeño cuarto
a escribir mis historias:
mi forma de estar solo
cuando aún había leña en el hogar,
rescoldo en las palabras de la casa.

»Ahora vivo en pasado
definitivamente, y solo
transcurren los recuerdos.
Ya no puedo encerrarme a escribir mis historias.
Parezco una Penélope, que quisiera tejer
– tejer y destejer, continuamente –
aquel pasado, hacerlo eternamente ahora
en un bucle de tiempos imposibles.

»Este tiempo indigente, este tiempo que toca,
sólo puede ser tiempo de pedir,
de pedir que regrese aquel mundo apacible
donde se alimentaba, se alzaba, rebullía toda mi fantasía.
¡Por pedir que no quede! Ya sabemos
que lo imposible siempre va sujeto
a una gris añoranza, ese gris perla,
esa joya imposible, inalcanzable:
hoy la vida perenne, oxímoron de vida:

ser siempre lo que no puede ser siempre.

»Mas llegado a este punto, no quiero la añoranza,
no quiero la locura, sólo alcanzar la puerta.
La fiesta ha terminado.
Cuando no hay concesiones,
mis héroes abandonan el puesto en el momento que conviene.
Busquemos la salida, una salida heroica,
por donde guía el impulso.
Prendamos el momento de la marcha.
Todo ya es finitud para mi alma.

»¿En alas de qué noche
me he quedado aterido como Solomon Kane?
¿Cómo puedo iniciar viaje hacia Occidente sobre aquel León rojo?
¿Cómo recuperar una isla de Atlantis?
Pero no quiero hacer
la queja de mi vida por más tiempo,
puesto que nada obliga a estar aún en su orilla.
No lucen ya las lámparas.
Mi muerte es sólo mía, sólo mi decisión.
Ha llegado el momento de arrojarme a la pira.
Y convocar a O'Donnell y al rey Kull,
precedidos de Conan,
para honrar mis exequias.
Ya veo con claridad que nuestras vidas
trabajan para el polvo y para el viento.»

Y Robert Ervin Howard abandonó la casa.
Y el revólver sonó en mitad del silencio inesperado,
del cielo más azul, del más radiante sol.

Copa de bronce y vino espeso

Homenaje a Marguerite Yourcenar

De entre tantos poetas antiguos, fue Antímaco
el de menor fortuna.
Su estilo oscuro y denso,
de amplia frase a la vez que condensada
— grandes copas de bronce
llenas de un vino espeso —
concitaba los gozos y el aplauso
del mismo emperador:
Adriano, su tosco imitador tardío.

Poeta inaugural de la poesía erudita,
moda del Helenismo,
se atrajo las envidias de algunos poderosos de las letras:
Calímaco lo quiso eliminar para obtener su puesto.
No fue su vida fácil, para nada.
Siendo joven, perdió a su hermosa Lide
y convirtió su llanto en un largo poema
culto, donde volcó las leyendas antiguas
de duelos y dolores, de dioses y mortales.

Parece ser que nadie comprendió como él
el misterio del horizonte ignoto, los viajes
de la vida y la muerte,
las sombras que proyecta el hombre solo

sobre el paisaje eterno.
Su viaje de Jasón, de no haberse perdido,
quizás ensombreciera ahora al de Apolodoro,
pero no lo sabemos.

La injusticia, la envidia y la casualidad
conjuraron sus fuerzas
para que hoy Antímaco
solo sea un recuerdo y un escaso
conjunto de fragmentos del pasado.
No siempre permanecen los más grandes.
La osadía mediocre se vende como oro
y la grandeza yace en el silencio.

El Deseo

Una fuerza que nace del nadir de la tierra,
de ti mismo;
que atraviesa los cuerpos, los lacera.
Esas profundidades de pozo nos poseen
y son más cataclismo que el amor.
El profundo, insondable misterio del deseo.

Volcánica verdad de la Naturaleza,
que nos lanza al vacío,
al ritmo de las pieles enlazadas.

Por sobre el río espeso
de sus oscuras ondas
está el sol,
la alegría,
el encuentro fogoso en la amistad.

Nos alza al soleado amanecer,
a contar las estrellas,
a nadar en los barcos sobre todas las aguas
de este curvo horizonte,
a cobrar la delicia de pasear los montes,
y por la bulliciosa ciudad enardecida,
descubriendo especiales compañeros de viaje
con los que mantenemos
largas conversaciones, de palabra y de piel,

con que entender mejor la entraña del poder que nos agita.

Y — mientras señalamos los rumbos de los vientos,
o salimos a la lluvia para crecer un poco en la delicia —
encantamos las horas de los días
con siestas de entrañables tocamientos,
con géiseres de ignotas,
profundas, primigenias sensaciones;
perpetuamos los goces del secreto
con la genuflexión al rito húmedo.

Y es que siempre esa oscura y densa, silenciosa
corriente del deseo, nos posee:
gastando nuestras vidas
(en tenue, inadvertido discurrir al barranco),
gestando nuevas vidas
(hacia el lago de aguas negriazules),
con este misterioso perpetuarnos, lanzarnos, enlodarnos
en el gozo, el ensueño y el olvido.

La felicidad de las lentejas

(Estampa doméstica e invernal de Miguel de Unamuno)

Pensaba don Miguel,
sentado ante su mesa de camilla:
«A veces el amor
es un fluir oculto, silencioso,
que empapa las raíces
sin que nos demos cuenta,
sin que le demos crédito
a que, de ese lugar de la paz y el confort,
pueda venir tanta alegría.

»Siempre tendemos al amor pasión,
amor de los poetas:
un cauce desbordado,
un río impetuoso.
Pero esa gota fría
va destruyendo todo,
deja todo arrasado en nuestras almas.

»¿Quién imaginaría
que en pequeños calores,
en el cariño, simple y desprendido,
por la persona afable que ríe a nuestro lado,
que nos mira con ojos conocidos,
está el gran sentimiento, ¡paradójico!,
el que apuntala siempre nuestras vidas?

»Amor de escaso cauce, pero cauce perenne,
constante, por los años del vivir.
Y cómo nos sorprende con su importancia obviada,
cómo nos vivifica en la sorpresa
de su inatendido valor inesperado.

»Amor de brisa, de suave aliento,
amor continuo en el silencio diario,
en el gesto escondido y permanente,
en la mirada atenta, tímidamente atenta,
en la ausencia de fuegos de artificio.»

Don Miguel, connivente,
mira hacia la cocina, se arrebuja en la falda de la mesa
y manda una sonrisa,
que se pierde en la humilde oscuridad del cuarto.

De libros

¿Quién los querrá después,
en los tiempos del kindle —
biblioteca electrónica que no requiere espacio?
Compré casas más grandes para que me cupieran.
La pasión de bibliófilo es algo ya caduco, sin embargo,
en nuestra sociedad.
¿Qué será de mis libros?
Desechos del espíritu, quedarán olvidados
en cajas de cartón.
Humectado, el silencio
de tantas sensaciones humanas, en el sótano
de un librero de viejo.

Escribir sobre cómo despedirme
de lo que tanto he amado,
no tiene ya sentido.
Borges lo hizo muy bien.
Durarán más allá de nuestro olvido;
no sabrán nunca que nos hemos ido.
Subscribo sus palabras.

Pero, sí, hay esta tarde
de lluvia triste y lenta
un rumor que me ronda, una certeza,
un fogonazo seco, inesperado —
sensación que me viene al repasar,

al mirar los estantes que me envuelven.

Los libros de verdad,
los que me pertenecen,
no están en estas baldas,
no son papel ni tela:
ese artefacto inerte,
ignorando la mano que procura
convertirlo en ardor de sentimientos,
en verdad entrañada.

Los libros de verdad son fluidos corporales
que sienten y que piensan,
que recuerdan (circuitos de neuronas)
lo bien que otros dijeron, antes, estas miserias del vivir.

Mis libros, los que tengo, los que encarno,
están dentro de mí. Ya van conmigo.
Son acompañamiento, alto acompañamiento,
de aquella desnudez de la que habló Machado.

Los anteojos rotos del profesor Fadigati (*Beatus ille*)
(Segunda versión)

> *El tiempo y la experiencia pronto son lo que cuenta.*
> *La juventud en cambio está hecha para amar.*
> (Dryden-Purcell)

> *El conde Platen es un viejecito acartonado, con gafas de*
> *oro, de treinta y cinco años. ¡Me dio miedo!*
> (Mendelssohn)

«El tiempo y la experiencia pronto son lo que cuenta.
La juventud en cambio está hecha para amar.»

El viejo profesor se creía ya a salvo.
Tras unas antiparras, herencia de su abuelo,
contemplaba a diario la hermosura del mundo,
observaba sus cuadros, releía sus libros,
y se iba despidiendo con calma, con cautela,
de esta vida observada y no vivida, durante tanto tiempo.

Gozo sin estridencias,
darle un quiebro a la vida y engañarla
en sus momentos duros — en esencia
era el programa oculto tras la franca sonrisa
y el irónico brillo de sus ojos
enmarcados en oro.

Había conocido oscuros desengaños
en tiempos ya lejanos y olvidados.
Ahora huía hacia el silencio,
ese modo perfecto de no implicarse en nada;
de no sufrir; de ser, en vida, como un dios,

en su rincón, absuelto de sufrir por amor, por desengaños.
Recordaba a menudo unos versos con música de Purcell, y reía:
«El tiempo y la experiencia pronto son lo que cuenta.
La juventud en cambio está hecha para amar.»

Nunca hubiera previsto
que en una de esas clases esporádicas,
que todavía impartía en ocasiones,
la caliente belleza
que se alía con lo más vulgar del mundo,
la que se mueve, huele y suda y dice inconvenientes
— lo que no soportaba —,
vendría a aniquilarlo.
En esta edad provecta era ridículo.
Pero el vivir es siempre un imprevisto.

El pobre anciano se halla en la catástrofe.
El sabio solitario, distante tanto tiempo
de los posos amargos de este mundo,
vive inmerso, de forma permanente,
en la casa cruel del desconcierto,
quemándose los ojos en la esquiva belleza,
en la garganta un nudo de ansiedades,
y apenas en la boca el saboreo amargo
del sueño de unos labios que sabe inalcanzables;
y su boca temblona tararea obsesiva
como queriendo hacer un sortilegio:
«El tiempo y la experiencia pronto son lo que cuenta.
La juventud en cambio está hecha para amar.»

Pero aunque está sumido en la catástrofe,
aun así, compulsivo,
lloroso, no desea que nada, nada cambie,
porque — cruel misterio —
es angustiosa, incomprensiblemente,
desesperadamente feliz, siendo infeliz.

El saber de las sirenas

Esta voz que en dulzores de miel de los labios nos fluye.
Quien la escucha contento se va conociendo mil cosas.
(*Odisea*, XII: 187-188)

I

¿Qué fue de las sirenas?
¿De su lamento oscuro y silencioso?
¿Del poder que tenía el canto de las hijas de Melpómene?:
ellas duermen las olas, dice Homero.

Un astuto y sagaz desarticula
todo su encantamiento, su poder,
su mítica grandeza
de divino animal sacro y hermoso.
Odiseo, la cera en los oídos, las cuerdas en las manos,
no quiere oír su canto.
Las sume en la miseria, en el olvido,
consume su poder.

II

La nave del aqueo atraviesa las olas,
deja desatendida su llamada.
¿Qué fue de las sirenas?
¿Del poder de su canto?
Y ¿qué canto era aquel?
¿De qué grandeza, de qué dios hablaba?

¿De qué vivir venía?
No sabremos ya nunca lo que Odiseo les negó a los hombres,
la puerta que cerró, el canto que negó
cuando siguió la nave su camino y afrontó otros peligros:
el vapor de las olas,
ese mal sin remedio que era Escila,
el hondo remolino de la mano sin fondo de Caribdis.
Entregado a la astucia y la razón,
pero ignaro del canto y su misterio.

III

Ellas, las preteridas,
¿qué misterios estaban dispuestas a contarnos?
¿Qué claves del vivir ocultaban sus bocas?
¿Que el vivir, sin la dicha, es la mayor miseria?
¿Elevaban sus voces para decir que el hombre
tan sólo es libre a costa de la muerte?
¿Y que tan solo el Hades le da la libertad?

¡Quizás todo saber lleve a la destrucción!

¿Eso significaban las sirenas
en el camino humano?

IV

Odiseo se ató las manos y los pies al mástil de la vida,
al pendenciero orgullo,
al combate triunfal contra los pretendientes,
para lograr de nuevo
el vano honor del pueblo,
el poder y la gloria,
pues eso era su Ítaca.

V

La nave proseguía, ensordecida
al canto que construye la verdad más oscura.
Los remeros huían en el barco salvífico,
doblados sobre el remo,
porque Ulises quería seguir siendo su rey:
egoísmo triunfante,
autocracia cruel, semillero de muertes.

¿Es lo que hacen los hombres?
¿Buscar siempre el poder, la hegemonía?
¿Negar el canto eterno, el mito eterno,
el saber que perdura,
por un reino fugaz?

El último heleno
(Páladas, poeta de la *Antología Palatina*)

Por las calles de una Alejandría que ha perdido la estela de Proteo
y que se desmorona,
Páladas el maestro, que también hace versos
en sus tardes ociosas,
refunfuñando huraño,
va huyendo de una turba feroz y enloquecida.

¿Huye de esos cristianos
que alienta a la masacre san Cirilo —
consagrado por Roma
tras tanto celo puesto contra el mundo pagano?
No. Páladas se esconde de sí mismo,
de la implacable farsa de su vida,
del demonio feroz de su mujer,
de tanta enemistad
que su debilidad por desfogarse,
que la sinceridad de protestar contra este mundo zafio, envilecido,
ha provocado con sus epigramas.

Cruza la populosa ciudad de Alejandría,
la Alejandría de los Ptolomeos, la de Antonio y Cleopatra,
la sensual, la mágica, la erudita ciudad,
y la más corrompida, según dicen:
carnaza para el nuevo fanatismo,
afianzado en su ardor pujante y triunfalista:

Teodosio ha promulgado religión oficial al cristianismo.

Hay saqueos constantes, el oro de los templos
se convierte en vasijas para cocer las hierbas que comen los ascetas.
Y los viejos Olímpicos son hoy rebautizados
como santos cristianos, tras un acto de decapitación de su esplendor.
De todo este desmán va huyendo Páladas
y de una turba infecta que lo ha reconocido y lo persigue
por oscuras callejas.

Desde una encrucijada le revela un Heracles destrozado
y tumbado en el polvo del camino:
«Yo recibía súplicas y ahora
desde el polvo te digo:
aprende a ser esclavo,
es tu nuevo papel en esta farsa.»

Páladas gana el puerto y mira la encrespada presencia de las olas,
le suplica a Proteo, el Anciano del Mar, que vuelva en su rescate,
y, mientras escudriña el sañudo y constante palpitar de las aguas,
se pregunta: «¿Qué es esa hoguera enorme
que refleja sus fuegos en el mar?
Viene de donde está la Biblioteca.
¡Si se habrán atrevido estos necios cristianos ignorantes...!»
Sí, sí, lo testifican las mariposas negras que llegan hasta él y lo rodean
con ese inconfundible olor a los papiros que se queman.
«Rendí mi vida entera conversando,
en la paz de los libros, con los muertos.
¿Y hoy hasta eso me quitan estos bárbaros?»

Los dioses se han marchado.
Su gloria hasta la queman en los libros.

La ciudad se ha llenado de rumores oscuros, mentirosos.
Y han matado en Hipatia a la Sabiduría.

«Somos quizás los últimos vivientes
las pocas sombras que resguarda el puerto, un espejismo,
humo de la grandeza de los dioses vencidos
pues ya se ha hundido todo,
está muerta la vida y el mundo es podredumbre.

»Esperanza, Fortuna, nada queda
que podáis ofrecerme o substraerme.
Vienen a darme escolta las olas del rebaño de Proteo
para hundirme en la Nada nuevamente.
Nada es nuevo para el que Nada ha sido.
Esperanza, Fortuna, ahora seguid jugando a vuestro juego cruel
con los que me persiguen.»

Las rosas del silencio
(Huyendo de las redes sociales)

I

Son demasiados nombres
— pienso, mientras me envuelvo con las sábanas —
ya no sé distinguir las voces de los ecos
en este gran barullo que es el mundo que habito en la distancia.
Todos quieren su espacio, la atención absoluta de los otros.
Ya nadie se conforma con el anonimato
en el globalizado circuito de *influencers* y de *stars*.

II

Doy vueltas en la cama
y pienso, en el silencio de la noche, en las lecturas,
que siempre me asistieron y que aún me sostienen.
Desde un recuerdo sosegado, suave, con voz ensordinada,
me habla, nuevamente, la prudencia de Séneca,
me siguen instruyendo los versos de Mimnermo y de Solón.

Cómo me hace sonreír
— pues que hay tantos recuerdos, de lo que antes viviera,
tejido entre sus versos —,
cómo me hace vivir, alzar el vuelo, Calímaco otra vez!
Y me ilumina el cielo de lo que fue el amor, el recordar
cada fragmento de la ardiente Safo.

En muchas ocasiones, la comprensión humana de Cervantes
me reconcilia con los de mi especie (que no es fácil),
me arropo entre las sábanas, y como una salmodia
repito algunos versos de los poemas crípticos del Rilke más maduro,
que muestran el listón alto de la poesía, mi fe de tantos años.
Me siento el confidente de Cavafis,
que me dio voz y me ayudó, sin duda, a ser yo mismo.

Cuando quiero anegarme de belleza sonora,
recurro al modernismo, a Verlaine y a Darío,
que colman mis deseos. — Más Rubén,
cuando añade ese poso de amargura,
que alienta siempre mis melancolías.

Cómo brinca la imagen de Lorca en mi pupila.
Disfruto con los juegos de algunos ultraístas.
Todavía me encanta aquello de *van y vienen golondrinas
doblando y desdoblando esquinas*.
Y admiro cada vez más la condensación perfecta
de los *Cuatro cuartetos* de T. S. Eliot o las *Odas* de Reis.
Sigue calando en mi emoción de ahora
la lluvia intermitente y el llanto de Adriano
en el largo poema en inglés de Pessoa.

III

Habrá nuevos poetas — pero ya no se fijan sus nombres al recuerdo
de mis noches,
porque yo ya he llenado el cuarto de mi alma,
el cuarto del misterio,
con los dones del tiempo, de mi tiempo;

con mis satisfacciones.

Escucho por las noches suavemente
las músicas amadas de Beethoven o Bach,
apenas me remuevo entre las sábanas, me arrebujo en mí mismo,
y se cierra mi mundo con los versos que vibran
al sol de la memoria.

Yo he cumplido. Y ahora
vengan otros, los nuevos,
a descubrir su orbe, virgen, de la poesía,
que lo llenen con sus predilecciones
y con todos sus gozos.
                              Ya me duermo.

Créeme que no es de sabios decir: «viviré»:
Demasiado tarde es vivir mañana, vive hoy.
                              (Marcial)

No admiten el invierno corazones
asistidos de ardiente valentía.
                              (Quevedo)

Durmió sueño de bronce.
                              (Homero)

NOTA FINAL A ALGUNOS POEMAS

En el opúsculo de Luciano *Sobre la muerte de Peregrino*, hay que leer entre líneas y saber reconocer la grandeza oculta tras una inmisericorde y destructora ironía. Fue Peregrino una personalidad harto interesante para comprender algunos aspectos de la psicología del s. II, un siglo de cambios importantes, como lo es el que vivimos ahora. Quizás por ese espejarse aquel siglo en el nuestro, la simpatía con que hoy podemos mirar a este Peregrino «Proteo». Sobre él escribieron con interés Atenágoras, Tertuliano y quizás Filóstrato el Viejo. Sus perdidas epístolas se consideraron, en el ámbito pagano, a la altura moral de las de Pablo de Tarso. Lo llamaron Proteo. Proteo fue una deidad marina, a la que Homero llama «anciano hombre del mar». Un ser primordial.

Luis Carrillo y Sotomayor, que vivió su corta vida a caballo entre los siglos XVI y XVII, representó el culteranismo antes de Góngora. El soneto-homenaje que le dedico comienza con una variante al verso 5 del soneto V de la edición póstuma de sus *Obras*. También quiere ser un homenaje a Cartagena, pues la actividad de cuatralbo de las galeras de España lo llevó a su puerto con asiduidad y allí frecuentó el círculo del humanista Cascales. Quiero imaginar a Cartagena — y posiblemente lo fue — la ciudad de España donde se iniciaron las polémicas cultistas, tan importantes para nuestro Barroco.

Zhuang Zi fue el autor de *Los capítulos interiores* (s. IV a. C.). Junto con Lao Zi es el fundador del taoísmo filosófico. Aunque me considero inevitable e irrenunciablemente occidental, este libro ha formado parte durante años de mis lecturas de mesilla de noche.

Requiere también breve espacio la referencia al padre de Conan el bárbaro, Robert Ervin Howard, escritor de literatura popular y perteneciente al Círculo de Lovecraft. Fue incapaz de superar la inminente muerte de su madre, se sentó en la parte delantera de su coche y se descerrajó un tiro con su Colt del calibre 38, lo que lo hizo entrar en el panteón de sus propios héroes, como el más trágico.

El poema «Copa de bronce y vino espeso» es una glosa (al viejo estilo) de un pasaje de las *Memorias de Adriano* de Marguerite Yourcenar.

El profesor Fadigati protagoniza la novela corta *Gli occhiali d'oro* (*Los anteojos de oro*), que pertenece a *La novela de Ferrara* de Giorgio Bassani. Es segunda versión de un poema previo y editado en mi libro *La isla* (Pre-Textos, 2002).

En cuanto a Páladas, es uno de los poetas de la *Antología Palatina*. Sus epigramas, que son abundantes, aparecen principalmente en los libros IX, X y XI. Vivió entre los siglos IV y V d. C., en una Alejandría que conoce la reacción cristiana, sus destrozos y persecuciones. Fue un mundo hostil para él, donde no compartió los fanatismos religiosos triunfantes, y donde llevó una vida oscura y miserable, tanto profesional como familiar, lo que sabemos por sus versos agrios, sinceros y desesperados. Puede parecernos, dice García Gual, un personaje romántico, condenado a un vivir mezquino y sin sentido en ese ocaso del mundo antiguo, que él, desde su perspectiva personal, sintió como catástrofe y descomposición.

DEDICATORIAS

El tema de Gabriel está dedicado a Pepe Marín, uno de los cónsules de la cultura española en Luxemburgo.

Meditación del tiempo, a Ángel García Sánchez, siempre en aquel preu del Isaac Peral.

Permanencia está dedicado a Ernesto Sánchez-Gey, en Cádiz.

La renuncia del duque de Urbino, a Pedro Manzano, heredero de aquel buen hacer.

El muchacho de Cross Plains prepara su revólver, a mi amigo Juan Varo, erudito de lo culto y de lo popular.

De libros, al psicoanalista y amigo José María Álvarez, tan atento al espíritu.

El saber de las sirenas, a Dionisio Espejo Paredes.

El último heleno va dedicado al entusiasmo que siempre despiertan en Mercedes Replinger la cultura, los sentimientos y las ideas injustamente olvidados.

Todo el libro, una vez más, al insustituible pilar que es José Javier Martínez Moreno.

DEL TIEMPO DE
21 ODAS DE INVIERNO

(2019-2023)

Soflama de Lord Byron al incinerar a Shelley

Shelley hace una salida al mar en un barco de vela. Estalla una tormenta, el barco naufraga y el cadáver del poeta es lanzado a una playa cerca del Viareggio. En su chaqueta se encontrará un libro de Keats. Los seres queridos y los amigos del poeta, entre los que se encuentra Byron, acuden. Se enciende una hoguera en la misma playa y el cuerpo es incinerado.

(François Cheng)

A la memoria de mi primo Paco Foz

«Sólo importa la llama y la ceniza
para los que no alientan,
para el despojo de lo que ha vivido.

»¿Y cómo no pedir pronto ese fuego
que acelera el regreso a la Nada Primera,
el rápido retorno
a lo inmutable igual?

»¡Que se pueda encender así de nuevo
la feria misteriosa de los renacimientos, de las reencarnaciones,
y exhibirte cuanto antes nuevamente
partícula invisible de ese nuevo rosal que nace hoy
en tu casa de ayer,
oxígeno del agua que bendice la casa en este otoño nuevo,
o átomo inconsútil de las yedras que crecen en sus muros!

»Un nuevo resplandor
de nuevo en otros seres,
hoja, gota, pistilo,
nueva luz tras la sombra momentánea.
Nunca quedar fijado
a la gélida masa de lo muerto.

»¡Que todo se deslíe para pronto volver
de aquello indistinguible:
de los ciclos marchitos a la vida concreta.

»¡Ni coronas votivas,
ni unos granos de sal
empapados en vino,
ni ramos de violetas esparcidas
en ritual funerario!
¡Nada de eso!

»¡Que la muerte no existe!
Sólo existe el instante, el breve instante,
de la transformación
hacia otras vidas!

»Así que sólo importa la llama y la ceniza
para lo que no alienta.
Y pronto sea de nuevo
hoja, laguna, flor, viento que templa
y acaricia los rostros momentáneos
de los hombres que vuelven:
la luz de la apariencia en este juego eterno.»

María Zambrano piensa su último aliento

Para Juana Sánchez-Gey

«Cuando intento entender, ya todo se me apaga;
y si esbozo palabras, todas se desparraman,
todas se me deshacen.

»Pero aún, si palpo, indago.
Toco el mar y se alegra.
Miro, y se abre la niebla en el paisaje.

»Muevo esta mano artrítica e inquieta,
y no puedo alcanzar a la gaviota
pero le ofrezco el cuenco como nido.

»Y si toco las plantas que alegran este mundo
pequeño de mi alcoba,
las raíces se anudan en mis dedos,
me desposan al mundo todavía.»

Hoy mis padres han venido a visitarme

Cuando dejé mi casa familiar, hace más de veinte años, para venirme al páramo – entonces no podía calibrar que sería algo definitivo –, mis padres, que eran sabios en prender los fuegos del hogar, me dieron unos bulbos de amarilis. Algo que mantendría arraigado el paisaje familiar. Esas hermosas macetas que florecían de rojo jaspeado en la terraza, todos los años.

Cada otoño sacaban los bulbos, los hacían hibernar envueltos en papeles de periódico, plantándolos de nuevo en primavera. Desde que están aquí, no sé si por los fríos, no sé si por el cambio, jamás han florecido, aunque todos los años han salido las hojas.

Mis padres fallecieron. Hace años que acepté su muerte, aunque es difícil desde entonces que florezca todo, como los bulbos de amarilis. Pero hace unas semanas, entre las espadas de las hojas, empezó a crecer la vara y, para mi asombro, a apuntar la flor. Esas preciosas cornetas jaspeadas están ya en plenitud.

Un golpe de color que llama en mis ventanas. Un extraño rescoldo en la frialdad de todo lo perdido. Hoy siento que la vida se renueva y que mis padres siguen siendo jardineros en algún cálido lugar de mi casa.

APÉNDICE

Las puertas del paraíso (el test de Blake)

A Javier Alonso Prieto, con mi agradecimiento.

Siempre he sentido una fascinación muy especial por William Blake. Recuerdo que en uno de mis viajes de juventud a Italia me llamó la atención y compré una traducción de poemas de Blake realizada por el poeta hermético italiano Giuseppe Ungaretti con el título genérico de *Visioni*. Me interesan mucho las traducciones de poetas hechas por otros poetas. En el libro me encontré por primera vez con *The Gates of Paradise*, una serie de grabados sorprendentes. Aquellas imágenes (no todas) actuaron sobre mí como un test de Rorschach. Y sugirieron unos versos que, si bien eran una interpretación, mi interpretación de lo que allí se me mostraba, en realidad hacían aflorar de mi interior unas sensaciones y convicciones hondas sobre la vida y el ser humano, que se valían de las imágenes como puro resorte para activarlas. En aquel acto creativo, recuerdo que nada me importaba lo que pudieron significar para el propio Blake ni intenté saberlo. Aquellas imágenes me interpelaban a mí y aquellos versos salieron de un diálogo muy personal. Mostraban una visión oscura y pesimista que quizás podía soportar mejor el joven que yo era entonces que quien los relee ahora.

Hice una especie de cuadernillo confrontando cada poema con la imagen que me lo había sugerido. Un cuadernillo con seis poemas. Seis breves poemas que parecían una mezcla de écfrasis (descripción de la imagen, tal y como yo la interpretaba) y de lema o moraleja, puesto que algo de conjunto de emblemas tiene este grupo de grabados.

El cuadernillo se lo envié a Pepe de Miguel, un poeta amigo, del entorno del Grupo Cántico, en la Navidad de 1987. No guardé copia y con el tiempo y mis cambios vitales, que me llevaron en aquellos años inmediatos a otras preocupaciones, me olvidé de él.

Hace un año aproximadamente, un amigo, antiguo alumno, Javier Alonso, me dijo que había visto algún manuscrito mío que se vendía por internet. Había salido a la venta con otras cosas de la biblioteca de Pepe de Miguel. Seguramente porque tras su muerte una serie de libros y de cartas suyas pasaron a libreros de viejo. Pedí a Javier que lo comprara para mí. Y así rescaté aquellos poemitas sobre grabados de Blake de los años ochenta.

Es un cuadernito hecho con muy pobres medios. Los grabados son fotocopias y los poemas están escritos a máquina. La portada es el grabado de portada de la edición inglesa de Blake y en la siguiente hoja aparece el título del cuadernillo, que es el mismo de Blake traducido: *Las puertas del paraíso.* Luego viene una dedicatoria: "En honor de William Blake". Este es el contenido.

I

La vemos anhelante y atrevida,
a la sombra del sauce.
Dispuesta a desprenderse de su hijo
en el momento mágico
que le salte a las manos la mandrágora
desde la tierra pútrida en que crece.

Deshecho el lazo natural, ya libre,
conocerá pasiones innombrables.

II

Cada vez que consigue
cazar con el sombrero
un hada-mariposa,
ha de acabar de súbito
muerta a sus pies la presa.

Loco mortal que buscas lo distinto
y lo maravilloso,
comprende que no es dado
a cualquiera salir de lo anodino;
que, a pesar del empeño,
en la lucha obstinada
matas la misma posibilidad.

III

«Te he hecho esclava a Selene»,
decía satisfecho
el fatuo enamorado;
y mostraba, a los ojos de la amada,
un mártir sometido
a subir una escala hasta la luna
para cumplir sus gustos.

Aunados los amantes
en círculo cerrado,
que al resto de vivientes
excluye, solo salen
de él para exigir
locuras que florecen
en su mágico cerco ponzoñoso.

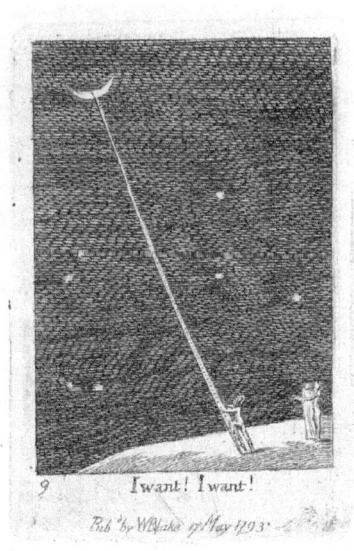

IV

No hay ayuda posible
cuando anega la vida,
ese fluido lento
de densidad pareja a la del mar.

Aquel, en que la mano
crispada sobre el agua
se agita, y la cabeza
se hunde para siempre entre las ondas,
es un día que existe para todos.

V

En los atardeceres,
hay viejos hastiados de vivir
(resabiados de tanto andar el mundo)
y que, al ver nuevas formas
emprender libre vuelo,
desprecian, desaprueban sus anhelos
y les cortan las alas sin piedad.

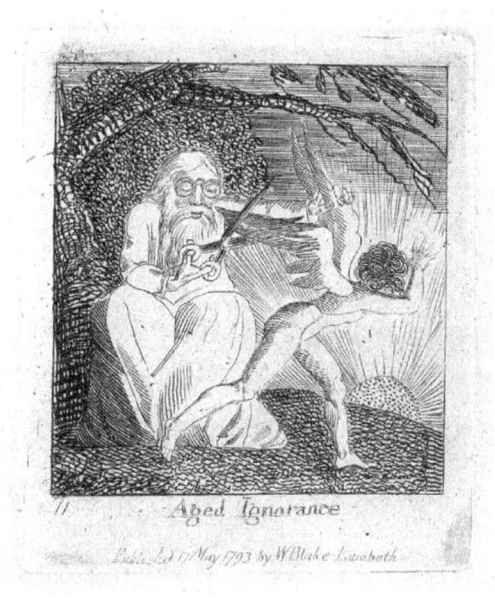

VI

Asomado al balcón,
alguna vez he visto,
hacia el final del día,
a un viejo apresurarse
por el viejo camino
que lleva al precipicio.

No preguntéis si ha vuelto.
Siempre se ha hecho de noche,
he cerrado las puertas
y he bajado a cenar.

The Traveller hasteth in the
Evening

El desnaturalizado egoísmo de la madre, el obstinado empeñarse en logros imposibles, el amor egoísta que sacrifica al resto del mundo en su solipsismo, el angustioso mar de la vida, la envidia cruel del viejo por lo que se renueva y de lo que ya no puede formar parte, el misterio del fin, que aparecen en estos versos, leídos tanto tiempo después, me siguen produciendo una gran inquietud, quizás por haber tocado una parte básicamente oscura del ser humano.

Se publicó finalmente el contenido del cuadernillo en el número 37 (2023) de la revista *Análisis. Revista de Psicoanálisis y Cultura de Castilla y León*. Más de treinta años después.

POSFACIO

GUÍA DE PERPLEJOS

(Poesía reunida, 1978-2023)

DE DAVID PUJANTE

por

Francisco Javier Díez de Revenga

El lector habrá advertido que David Pujante es un poeta singular porque, a lo largo de su poesía toda, se puede advertir, recalando en las distintas modalidades que la edad y el tiempo han forjado, la solidez interpretativa de sus poemas, la condición literaria de su mundo poético, basada en un gran amor hacia la literatura, hacia los libros, hacia los personajes de la historia que le sedujeron con su ejemplo, con su forma de vivir, con su pasión por el arte, por la belleza, por todo aquello que es más difícil de lograr y de conseguir. En algún momento de su trayectoria advirtió que a sus poemas se les consideraba supuestamente culturalistas, pero aseguró sin vacilar que no lo son en ningún caso, y que en realidad todos ellos son pura vida. En la línea de la mejor poesía elegíaca contemporánea (Gil de Biedma, Brines, tantos otros) lo que en sus poemas se reivindica no es la literatura sino la vida; y lo que de vida tiene la literatura que se nos transmite a través de la poesía, del poema. Vivir la vida, sentir su grandeza, preguntar el sentido de tantas cosas, indagar su significado, descubrir las habituales perplejidades, entender el tiempo y gozar del presente, hallando en el pasado y en la historia un ejemplo y en el provenir un reto. Vida y nada más. Por ello, pidió a su lector, a la manera de los epitafios clásicos, que se detuviera y leyera. Con ese «siste, viator», renovado, «detente, caminante», le invita a meditar las tristezas del mundo y a encontrar una respuesta a sus perplejidades, pero sobre todo a gozar de un mundo nuevo, fuera de los límites, atrevido y distinto, un mundo de riesgo que da plenitud, que permite gozar del continuo anhelo que le otorgó la naturaleza al nacer; un mundo en el que comunicar y, como quería Vicente Aleixandre, reconocerse. Todo más claro si entendemos por qué esta poesía reunida se denomina felizmente *guía de perplejos.*

En *La propia vida* (1986) Pujante realiza una consciente y sabia recuperación de la antigüedad y del mundo clásico. Lo proclama claramente en una de sus recreaciones históricas al asegurar que él también, cuando era muy joven, se ha entregado al elevado mundo del pensamiento antiguo y ha puesto sus costumbres por horma de sus actos. Y esa propia vida se convierte en gozo de espacios e historias míticas revividas como una reivindicación de libertad, recuperando de cada acontecimiento la vitalidad de su trascendencia como filosofía y como ética de la existencia, para afirmar, como se asegura en el título de este libro de poemas, la propia vida.

Porque recuperar historias y mitos, y al mismo tiempo revivir con tantos poetas e intelectuales amantes del mundo antiguo, la autenticidad emocional de un mundo infortunadamente ya trascurrido, no es solo una aspiración romántica sino que además es una reivindicación de la lectura de los textos clásicos que surge desde la pasión del filólogo y desde el anhelo indeclinable de interpretar el texto, entenderlo en sus perplejidades, revivirlo y volver a escribirlo hasta el extremo de completar *La propia vida* con una excelente recuperación en diálogo del eterno mito de Ariadna, que demuestra, en sus propios términos, cuánto hay de vida, más que de mito, en cada uno de sus versos, en este singular ejercicio de soledad.

De esta forma se demuestra, a través de poesía tan emotiva y vitalista, que la propia vida no es otra que amar lo que se ama, defender aquello en lo que se cree y, en definitiva, revivir, en catarsis continuada, la autenticidad que todo poeta sabe que ha de lograr. Porque en esta poesía inicial de David Pujante no hay máscara ni engaño. Todo lo que del mundo antiguo se recupera es porque refleja, en efecto, *la propia vida*.

Se aseguró que *Con el cuerpo del deseo* (1990) suponía un cambio de registro en la poesía de David Pujante. Y no lo es tanto, integrado el libro en el conjunto de su poesía reunida. Porque lo que en los poemas de este libro consigue Pujante es la afirmación de una verdad y la desnudez de su representación vital y detenida en episodios y estancias que reflejan sobre todo vida, con sus espacios, con sus encuentros, con sus dichas y sus gozos, pero también con las sombras y las caídas que confirman la autenticidad de todas las historias recuperadas en este libro intenso y propio.

La distensión del verso de David Pujante es el medio adecuado para revivir los detalles pormenorizados de este libro vital, sereno y esperanzado a pesar de todo, aunque en el paladeo de la renuncia se comience a saber el vino del amor. La soledad, el tiempo, la ilusión, el amor y el desamor, el deseo, la pasión, los días, las mañanas y las noches, los pasos y los espacios nutren la palabra poética de este libro que manifiesta la verdad de una existencia y recupera los pormenores de su trascurrir entre el eros y el tánatos, como se proclama, con un poso de renuncia y cenizas de tristeza, en el poema final.

En *Estación marítima* (1996) Pujante ofrece una estación de exilio en la que confluyen sentimientos de distancia, soledad y desarraigo, vinculados ahora a un paisaje del norte (Galicia), al que el poeta, al menos literariamente, parece sentirse ajeno. El mar, las brumas, los vientos, las lluvias y los granizos pertinaces, tan alejados, tan diferentes y tan distantes de su memoria levantina de la luz y de la claridad, forjan la mítica de un libro en el que la palabra poética se convierte en vehículo de reflexión e inquietud, acentuado en ocasiones por las insistentes preguntas sin respuesta. La representación del paisaje, vinculado muy sólidamente a un estado de ánimo triste y lleno de añoranza, impensable en otro momento para el poeta, se completan con una excelente evocación del refugio que nuestro autor ha buscado: refugio en las artes (la música) pero sobre todo refugio en la literatura y en sus mitos, vinculados a los mares, vinculados al norte, con los que este poeta del sur busca una difícil consolación.

Pujante estructura el libro con sabiduría y con evidente inteligencia y cuidado, para combinar sentimientos de ambiente, añoranzas sorprendentes para él de un levante lleno de luz y calor, expresión de soledad y silencio, con el amparo de las lecturas, el recreo en las leyendas, la revivificación de personajes y de mitos, desde el *Ulises* de Joyce al recuerdo final, como coda conclusiva, de Fernando Pessoa, uno de sus escritores preferidos: mares y santos, mitos y héroes, heterónimos y ya míticos narradores rusos, componen un contexto anímico forjador de un mito personal, de una particular simbología de silencio, soledad, exilio, desamparo, desamor... Las brumas, las lluvias intensas, el frío del ambiente, cumplen también su papel forjador de esta *Estación marítima*, en la que el mar, los mares, el mar del norte, es el mayor símbolo, el protagonista decidido de esta nueva mítica poética, creada por David Pujante. Son historias vividas en el esplendor de un verso largo y distendido, de andadura muy natural, que se configura en poemas muy extensos. Justamente, el signo de la extensión es el que define lo dilatado de una estilística comprometida únicamente con el tiempo de desarrollo y resolución de la propia composición. Aun así, a pesar de la extensión de versos y poemas, su tono natural, la narratividad de muchas de sus estancias, hacen que el poema se convierta en una pieza de composición muy autónoma, y al mismo tiempo sometida a una estructura interna muy efectiva.

David Pujante reivindica en *La isla* (2002) el encuentro perenne del ser humano con su cultura, con el mundo del arte, del pensamiento, de la inteligencia y de la propia poesía. Se trata de un libro, que algunos enseguida podrán denominar culturalista porque, en realidad, lo que el poeta quiere es hacernos compartir su mundo intelectual, el mundo de los seres admirados, poetas, escritores, músicos, figuras de la historia que le sedujeron y le seducen con su estela inolvidable, con el ejemplo de su forma de vivir y de crear, y en algún caso, con el incentivo de su transgresión de la norma establecida. Solo el arte y lo creado como arte sobrevive por encima del tiempo, y sobre la vulgaridad, lo repetido, lo manido, lo tosco, lo cotidiano.

No procede, en modo alguno, hablar de contenidos de poemas ni de ambientes evocados, ni de mensajes transmitidos. El lector advierte por su propio pie la multiplicidad y el interés indudable de tantas evocaciones sutiles, de tantos ejemplos de maestría estética, para sentir y disfrutar. Sí hay que destacar, sin embargo, algún aspecto del estilo y del alcance de las estructuras internas de estos poemas. Del mismo modo que la estructura del libro tiene una poderosa eficacia, los poemas construidos sobre la base de un verso libre muy actual, forjados en una gran naturalidad expresiva, con un tono narrativo constante e irrenunciable, muestran con elegante andadura todos aquellos aspectos de cada historia que son más atractivos o convincentes para el lector.

En todo caso, la calidad de las composiciones, en general muy extensas, y en ocasiones divididas en diferentes estancias o capítulos, reivindica el valor del poema mayor, del poema extenso, largo, distendido, modulado por un verso muy maleable que se va ajustando en su libertad a los momentos más dramáticos de la historia recogida, a los latidos de la existencia del personaje recordado, a los más intensos momentos de la defensa del lector y de la relectura (reivindicada de forma directa y programática) en el poema inicial frente a las amenazas de las tecnologías contemporáneas. Un buen conjunto de poemas, en definitiva, que se estructuran en torno a un libro cuyo mensaje central es tan válido como excitante: el poeta nos invita a estar en su isla, la isla de la poesía, la isla del lector.

En *Animales despiertos* (2013), tras once años de silencio poético, surge un poeta nuevo y emprendedor. Y no es extraño este largo tiempo de silencio, ya que el nuevo libro abre perspectivas hasta ahora ignotas en el mundo poético de David Pujante y nos ofrece un universo complejo, sabiamente estructurado en cuatro secciones, precedidas de una *Duda previa* y cerrado el volumen con una nota aclaratoria en prosa, en la que el poeta concluye el mundo recogido en su obra con una serie de precisiones reveladoras.

La idea inicial del libro era evocar el mito edénico fundacional del animal que despierta al conocimiento. Los animales despiertos, a que alude el título del libro, no son sino esos animales con conciencia, que sienten la soledad y temen la muerte, pero que también son los únicos capaces de reír y de ajustar los movimientos del cuerpo a la música. En definitiva, el ser humano que se cree que llegará a ser un dios, pero que está intensamente limitado por tantas preguntas sin horizonte.

Al comienzo del libro el poeta se propone captar el concepto originario de ese animal despierto, entre el mito y el misterio, desde el edén en el que surge en su origen paradisíaco hasta ese peregrinar inacabable entre cenizas y crepúsculos hasta llegar a la paz de la inconsciencia y de la piedra. Trayectoria patética de su ser desorientado y vacilante, inseguro y castigado, que representa trágicamente la conciencia del bípedo que todo lo observa, en angustia y tristeza desde la orilla de lo humano. Señala Pujante que cuando se plantea un libro parte de una idea matriz que lo centra y justifica, pero que luego van surgiendo ramificaciones que enriquecen ese núcleo inicial con nuevas perspectivas, con nuevas dramáticas exigencias de expresar un mundo sin duda convulso, el que provoca la vital conciencia del ser humano. Y en cierto modo, el libro revela esta urgencia expresiva del poeta, ya que los poemas responden a una ansiedad de diversidad que culminará en el nudo mitificado en el poema final, un solo poema nutrido y poseído por una masiva entonación interrogativa con la que las preguntas de siempre se suceden en una apasionada necesidad de conocer lo que es incognoscible. La serenidad de David Pujante, al expresar con estas preguntas su necesidad de conocer, revela que ese nudo que nos ata, no es otro que el gozo y la desdicha del amarre a la vida. Y vida contienen, ante todo, los poemas que nutren las dos secciones centrales del libro, en la que se producen reencuentros trascendentes no solo con la vida propia sino con la historia de la vida de otros que dejaron una huella indeleble en el tiempo.

No podía faltar, por último, en un libro poético tan intenso y tan complejo como este, la reflexión sobre la propia escritura, tal como se hace en el primer poema del libro, en el que son también las interrogaciones las que lo abren para mostrar al poeta que indaga sobre la eterna duda, aquí denominada *duda previa*: ¿Para qué escribir?, mientras transcurre la eterna tarde de un tórrido verano en el Valladolid que es habitación para la existencia de este poeta complejo y profundo.

En *El sueño de una sombra* (2013), muestra una visión renovada de su mundo poético tras larga trayectoria literaria curtida en diferentes géneros, pero sobre todo recogida en algunos libros de poesía de absoluta referencia en su generación. El que ahora ofrece al lector parte de la calderoniana concepción de la vida como sueño, como sombra y como ficción. Las dos primeras palabras figuran no inocentemente en el título del poemario, porque lo que el poeta quiere ahora, en plena madurez, es mostrar su visión de la vida desde una atalaya privilegiada que le permite contemplar y gozar los extremos que la han ido construyendo a través de los años.

David Pujante parte en este libro de su propia infancia evocada en más de una ocasión y se plantea qué es lo que ha ocurrido en el trascurso del tiempo hasta llegar al momento presente cuando su propia personalidad se ha forjado víctima de las obligaciones, de las disposiciones o leyes que han gobernado su existencia y, más aún, de los caudales que la han nutrido, ya sean los surgidos de la propia vida, de la experiencia, o los que han ido conformándose a través de los libros y de los otros elementos que han enriquecido su vida, aunque también la hayan conducido, determinado y limitado.

Porque la vida para el poeta ha sido en efecto un largo y lento proceso de desaprendizaje, y lo que ahora se pretende es desnudar aquella criatura y devolverle su esencia original. Proceso que crea anhelos y ansiedades que trascienden desde los versos de este libro concebido en caliente y pensando siempre que la poesía es la única capaz de transmitir tantas sensaciones auténticas.

21 Odas de invierno (2023) vuelven, en la poesía de Pujante, a reivindicar la fusión de vida y literatura, de vida e historia, para definir en la recuperación de tantos personajes imprescindibles la significación de su propia historia como reflejo de la vida íntima del poeta. Nuevamente, en estos poemas se produce la conciliación entre mundo real e imaginación, sustentada en la herencia del pasado, superando el tiempo y evocando a través de los mitos eternos, pero también a través de los héroes contemporáneos, la verdad de una conjunción de vida y arte, de experiencia y recuerdo, de memoria y existencia. Posiblemente uno de los mejores poemas de David Pujante, que recrea *el oboe de*

Gabriel, refleje como ningún otro ese camino sin retorno entre el recuerdo y la memoria, recuperación de un pasado, un clima y una pasión y un deseo, y el presente ahora tan enriquecido con los mensajes del tiempo pretérito, evocado por la música inmortal de un artista contemporáneo. Revivir mundos ajenos, incluso recuperando textos concretos, para reivindicar maneras de ser y de existir, puede surgir incluso en el prosaísmo intencionado y provocador del aroma de unas domesticas lentejas. La gran virtud de este poeta reside en su capacidad de haber sabido crear, en su propia historia como poeta, la verdad de una existencia ennoblecida por su pasión por el arte, la música, la literatura, la poesía. Tantos nombres como surgen en estas odas de invierno no hacen sino reafirmar la vigencia y vitalidad de un estilo propio, de una obra ya inmensa, que ha sabido confirmar, con los años, que la perplejidad, que se manifiesta en el título de esta poesía reunida, precisa de una guía segura, y esa guía, ese camino, no es otro que la poesía toda de David Pujante de principio a fin, tal como se puede leer en un poema de *El sueño de una sombra*: «Hacemos la poesía de a diario / —la de la carne o de letra, ¡qué más da!— / para dejar constancia / de todas las perplejidades vivas, / del viaje que nunca soñamos iniciar, / y aquí tenemos; / ese viaje tozudo, / que a veces nos levanta y a veces nos derriba, / tregua a tregua, / sin saber si nos lleva a alguna parte».

Índice